Texte détérioré — reliure défectueuse

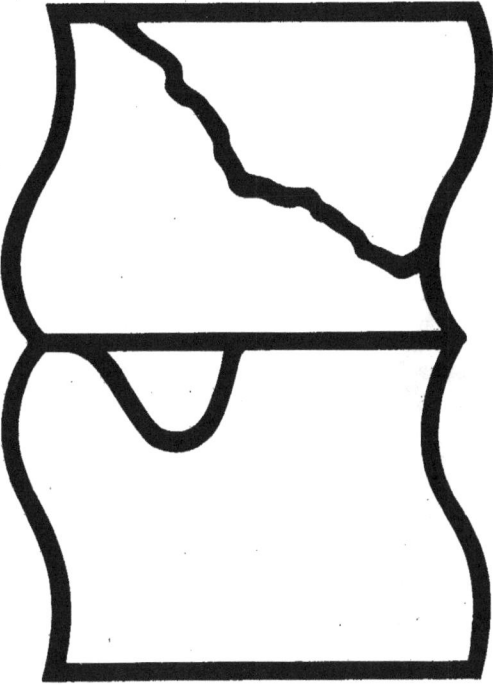

NF Z 43-120-11

Contraste insuffisant

NF Z 43-120-14

ARCHITECTURE
HYDRAULIQUE,

Où l'on enseigne l'art de construire les écluses pour
diriger les eaux de la mer & des rivieres, à l'avantage
de la défense des Places, du Commerce & de l'Agri-
culture.

LIVRE SECOND,

Comprenant la description des écluses à plusieurs voies,
pour l'usage de la marine & des places de guerre.

CHAPITRE PREMIER,

Où l'on détaille l'ancienne écluse de Gravelines, construite en 1699,
& tout ce qui appartient aux portes tournantes.

AYANT dessein de tirer des écluses qui sont à Gravelines
quelques instructions sur la maniere de diriger le courant
des rivieres qui vont se jetter à la mer, je commencerai ce chapitre par des anecdotes intéressantes sur la riviere d'Aa, qui a
donné lieu à la construction de ces mêmes écluses.

Part. II. Tome I.   **R r**

437. La riviere d'Aa prend sa source au-dessus de Renty, village du pays d'Artois, qui étoit autrefois une petite ville fortifiée, détruite en 1638. De Renty cette riviere passe à S. Omer, delà à Watte, gros bourg entre cette place & Gravelines, dont elle côtoie les glacis des ouvrages qui répondent au front regardant la mer, où elle se jettoit avant 1738, après avoir traversé de l'ouest au nord, sur une demi-lieue de chemin, une petite plaine de sable remplie de dunes, & s'être divisée en plusieurs bras sinueux dont le lit n'avoit presque point de fond.

Le pays que cette riviere parcourt sur l'étendue de sept lieues, depuis S. Omer jusqu'à Gravelines, est extrêmement fertile, mais si plat que le cours des eaux est presque insensible; d'où il naissoit des débordemens continuels qui inondoient successivement plus de cent mille arpens des meilleures terres de Flandre, parce que vers son embouchure les marées qui remontent jusque dans les fossés de Gravelines, la faisoient refluer, en même tems que les sables des dunes voisines, portés par les vents, en combloient le lit.

A ces inconvéniens se joignoit encore celui de ne pouvoir renouveller les eaux du fossé de la place; ce qui en rendoit l'habitation si mal saine, que Gravelines étoit regardée depuis un tems immémorial comme le tombeau des garnisons qu'on y envoyoit.

438. Les choses étoient en cet état, lorsque Philippe III, Roi d'Espagne, fit creuser au commencement du siecle passé un canal proche Gravelines, pour conduire à la mer les eaux de la riviere d'Aa par un chemin plus court & plus direct que celui qui répondoit depuis la ville jusqu'à son embouchure, afin de remédier aux désavantages précédens, & en même tems pour que ce canal servît de port de relâche aux bâtimens Espagnols que la tempête ou le voisinage de Calais mettroit en danger.

Ce canal, qui commençoit près de la ville, fut aligné à peu près du sud-est au nord-ouest, & se trouvoit par cette situation moins exposé à être comblé par les sables des dunes voisines, parce qu'il approchoit d'avoir la même direction que celle des vents qui regnent le plus ordinairement sur cette côte, au lieu qu'ils traversoient l'ancien lit; attention bien essentielle à avoir, quand il s'agit d'orienter ces sortes de canaux, lorsqu'on a la liberté de les disposer heureusement.

439. Environ à neuf cent toises de la contrescarpe, où se terminoit la laisse de la haute mer, les Espagnols firent une grande écluse avec double paire de portes, afin que celles d'Ebes étant

fermées dans le tems des mortes eaux, le canal pût tenir à flot les bâtimens qui s'y fussent trouvés, sans empêcher l'évacuation des eaux de la riviere d'Aa, qu'on devoit laisser écouler par des pertuis ménagés à cette fin. Cependant comme une écluse aussi éloignée du feu de la place auroit été bien exposée en tems de guerre, & qu'elle étoit alors fort allumée de la part de la France & de la Hollande contre l'Espagne, Philippe III la fit protéger par un fort à quatre bastions, qui devoit servir en même tems à défendre la tête du canal contre les entreprises du côté de la mer.

Gravelines & la mer, soutenue par un fort nommé le fort Philippe.

440. Ce canal avec son écluse étoit achevé, la riviere d'Aa commençoit à y prendre son cours, & le fort étoit déja bien avancé, lorsque le Cardinal de Richelieu, sentant tout l'avantage que l'Espagne en alloit tirer, par l'inquiétude qu'il donneroit aux ports de Boulogne & de Calais, forma le dessein de le détruire entierement. Pour cela il fit assembler sous ces deux places sept à huit mille hommes, dont la conduite fut si bien ménagée, qu'ils vinrent à l'improviste envelopper les troupes qui étoient campées pour la garde des travaux, comblerent le canal, ruinerent l'écluse & raserent le fort Philippe, sans que la garnison de Gravelines, qui étoit alors très-foible, pût s'y opposer ni même tirer sur les François, de crainte d'offenser les leurs qui avoient tous été faits prisonniers. Le renversement des ouvrages fut si complet, que les Espagnols ne se mirent point en devoir par la suite de les rétablir; ainsi la riviere d'Aa reprit son ancien cours, le pays continua d'être submergé, & Gravelines resta aussi mal sain qu'auparavant.

Le Cardinal de Richelieu fait marcher un corps de troupes qui comble le canal, & détruit l'écluse & le fort.

441. Il est bien surprenant que depuis 1669 que cette place a été cédée à la France par le traité des Pyrénées, l'on ait été plus de soixante-dix-huit ans sans songer à rétablir un canal qui devoit lui procurer les mêmes avantages dont on avoit cru devoir priver l'Espagne: apparemment que d'autres soins plus importans ne l'ont point permis. Il se peut aussi que la mémoire de ce canal, aussi-tôt détruit que formé, se soit perdue par le laps du tems, n'étant resté que les foibles vestiges du fort Philippe, que l'on voit encore aujourd'hui, & qu'on pouvoit attribuer seulement à une ancienne défensive de la côte; autrement seroit-il croyable que M. le Maréchal de Vauban, si attentif à procurer le bien public, & qui connoissoit mieux que personne le mauvais état de la riviere d'Aa, puisqu'il y avoit fait construire en 1699 l'écluse B à porte tournante, que l'on voit vis-à-vis la branche droite de l'ouvrage à cornes de la ville basse, pour donner plus

Réflexion sur l'utilité de ce canal; comment il a pu se faire qu'on ne l'ait pas rétabli aussi-tôt que Gravelines a passé au pouvoir de la France.

PLANC. XXXVII.

R r ij

de chaſſe aux eaux qui devoient en approfondir le lit, n'eût pas
fait de vives repréſentations ſur la néceſſité de rétablir l'ancien
canal, comme le ſeul moyen d'éviter les ſuites fâcheuſes que
cauſoit le défaut d'écoulement des eaux du pays. Quoi qu'il en
ſoit, comme les ouvrages d'une auſſi grande dépenſe ſont ordinairement les fruits de la paix, voici enfin ce qui a donné lieu à
l'exécution du canal qui fut fait à Gravelines en 1737, ſur les
traces de celui des Eſpagnols, ne différant que dans la poſition
de l'écluſe, qui eſt une des mieux entendues que nous ayons en
France.

Un nommé d'Averdoing, citoyen de Gravelines, donne à la Cour en 1730 des mémoires pour le réta-bliſſement du canal des Eſ-pagnols : le projet eſt goû-té & ſon exé-cution réſolue.

442. Le lit de la riviere d'Aa, depuis Gravelines juſqu'à la
mer, ſe trouvoit plus comblé que jamais, n'ayant qu'un pied &
demi de profondeur. L'écluſe de M. le Maréchal de Vauban étoit
enſablée, de même que celle de chaſſe & de fuite, ſituée en C.,
qui avoit été faite autrefois pour rafraîchir le foſſé de la place.
La perte du pays ſubmergé alloit tous les jours en croiſſant, &
Gravelines devenu déſert étoit une ſi mauvaiſe habitation, que
le Roi, pour y avoir égard, accordoit la haute paie aux troupes
qu'on y envoyoit en garniſon, & qu'elles étoient forcées pendant
l'été de camper au loin, ne laiſſant dans la place que les gardes
des principaux poſtes, lorſqu'en 1730 le ſieur d'Averdoing, un
de ſes plus diſtingués citoyens, dont les ancêtres avoient été entrepreneurs des travaux du canal, de l'écluſe & du fort Philippe,
touché du miſérable état de ſa ville, ſe rendit à la Cour, muni
des devis, marchés, cartes, plans & profils qui avoient été faits
pour leur exécution, & qu'il avoit trouvé dans les papiers de ſa
famille. Il s'adreſſa d'abord à M. le Maréchal d'Asfeld, qui l'é-
couta favorablement, & le préſenta au Cardinal Miniſtre. Son
projet, qui tendoit à rétablir l'ancien canal des Eſpagnols, fut
goûté du Conſeil, qui ſentit la néceſſité indiſpenſable de remédier promptement au déſaſtre dont le mémoire du ſieur d'Averdoing faiſoit la peinture la plus touchante. Il fut renvoyé ſur les
lieux, pour ſe mettre en état de répondre aux éclairciſſemens que
le Miniſtere déſiroit avoir avant que de rien conſtater ſur une
entrepriſe qui devoit coûter quatorze ou quinze cent mille livres.

D'autre part Meſſieurs les Ingénieurs du Roi employés ſur la
côte de Flandres, eurent ordre d'examiner ce qu'il y avoit de
mieux à faire pour le bien de l'Etat & du public ; car juſqu'alors
il y a grande apparence que cette affaire n'avoit point été pré-
ſentée au Conſeil du Roi ſous la face qui convenoit au beſoin preſ-
ſant du pays, autrement il n'y a point de doute qu'il n'y eût eu
égard beaucoup plutôt.

443. Après avoir fait toutes les recherches convenables, l'on étoit sur le point d'entamer ce grand projet, lorsque la guerre de 1733 se déclara, ce qui en recula l'entreprise jusqu'en 1737; mais avant que d'en venir là, il y eut bien des contestations parmi ceux qui en devoient avoir la direction, non pas à l'occasion du canal, qui fut unanimement résolu devoir être le même que celui des Espagnols, mais seulement sur la position de l'écluse, qu'un des deux partis qui se forma à cette occasion, vouloit faire sur les fondemens de l'ancienne, qui avoit été détruite par les François; ce qui eût exigé le rétablissement du fort Philippe, ou un poste équivalent, afin que le canal entre la ville & le port, pût servir de bassin aux vaisseaux que la nécessité pouvoit y attirer, raison qui paroissoit spécieuse. L'autre soutenoit qu'on ne pouvoit faire usage des fondemens de cette écluse, parce qu'ils avoient été mal construits; ce qui étoit prouvé par des procès-verbaux conservés à la Chambre des Comptes de Lille, en date du 19 & du 20 Juillet 1640, occasionnés sans doute de la part de l'Espagne pour son rétablissement. Il ajoutoit que puisqu'il falloit faire une nouvelle écluse, il valoit beaucoup mieux la situer immédiatement sous le feu de la contrescarpe de la place, comme on le voit marqué en A sur le plan, que de la poser au loin, où il faudroit indispensablement un poste considérable pour veiller à sa conservation, ce qui deviendroit très fatiguant pour la garnison de Gravelines. Que d'ailleurs on auroit l'avantage d'en rafraîchir journellement les fossés, dont les eaux étant lâchées dans le tems des basses marées, entretiendroient toujours le canal en bon état sur toute sa longueur, & ne manqueroient pas de l'approfondir en très-peu de tems, parce qu'on pourroit aussi se servir de l'ancienne écluse B, de même que de celle de fuite & de chasse. Dans ces circonstances, M. de la Fond, Ingénieur de grande réputation, aussi éclairé dans la théorie qu'expérimenté dans la pratique, ayant été nommé Directeur des fortifications des places du département de Dunkerque, se rangea de ce dernier avis, & fit prévaloir des motifs aussi puissans. En conséquence l'exécution s'en est suivie, de la manière que nous l'expliquerons dans le second chapitre, étant raisonnable de commencer par décrire l'ancienne écluse B, avant que de passer à celle qui s'est faite de nos jours, afin de pouvoir mieux juger de l'effet de chacune en particulier, & de ce qu'elles peuvent toutes deux ensemble.

Le sentiment des Ingénieurs est partagé sur l'endroit où l'on doit construire l'écluse répondant au canal projetté & l'on prend le parti de l'asseoir au bord du fossé de Gravelines.

PLANCH. XXXVII.

SECTION PREMIERE.

Sur la grande écluse à porte tournante que l'on voit à Gravelines.

Discours préliminaire sur la grande écluse que M. de Vauban a fait conftruire à Gravelines en 1699.

444. LOrfque Gravelines fut uni au Domaine de la France par le traité des Pyrénées, il y avoit déja plufieurs éclufes attachées aux fortifications de cette place ; une entre autres fur la riviere d'Aa, à la fortie de la porte de Calais, qui avoit été faite anciennement pour entretenir le lit de la riviere à une profondeur convenable au libre écoulement des eaux. C'eft de quoi il eft fait mention dans le devis donné en 1699 pour la conftruction de celle qui devoit la remplacer, parce qu'apparemment elle étoit devenue hors de fervice, ou rempliffoit mal fon objet, comme l'on n'en peut douter, puifqu'elle exiftoit déja du tems que les Efpagnols firent leur canal. En effet, il eft fait mention de cette éclufe dans les mémoires du fieur d'Averdoing, lequel rapporte qu'elle ne put être détruite par les François lors de leur expédition, parce qu'elle étoit trop près de la place, & foutenue d'une redoute fituée à l'endroit occupé aujourd'hui par l'ouvrage à cornes que M. de Vauban fit faire pour mieux couvrir fon éclufe, que l'on voit développée fur la Planche XXXII,

PLANC. XXXII.

une des plus nettes de cet ouvrage. Que fi je parviens à la décrire avec autant d'intelligence que les objets y font repréfentés, ce chapitre ne fera pas un des moins intéreffans de ce volume. C'eft ce que je vais effayer, en fuivant l'efprit de fon devis, un des mieux entendus de ceux qui me font tombés entre les mains, rien n'ayant été obmis de ce qui devoit fervir à guider les Ingénieurs & les entrepreneurs qui ont été chargés de fon exécution. Il arrivera delà qu'on va trouver quantité de détails dont il a déja été fait mention dans le premier livre, mais non pas enchaînés comme ils le font ici ; ce qui ne peut manquer de les rendre encore plus inftructifs, en les repréfentant tous fous un même point de vue. D'ailleurs, comme l'on ne fe fortifie dans les chofes de pratique qu'en exécutant fouvent celles qui font à peu près de même genre, ce n'eft auffi que par la combinaifon des maximes qui leur conviennent, felon les applications différentes, qu'on parvient à fe les rendre familieres au point de n'être étonné de rien quand on vient à en faire ufage. Alors les répétitions deviennent excufables, ayant une fin auffi utile, & un auteur ne rifque point d'être accufé d'avoir cherché à groffir fon livre mal à propos.

445. Selon les plans & profils qui avoient été réglés par M. de Vauban, pareils à ceux que nous rapportons ici, cette éclufe fut divifée en deux paffages inégaux féparés par une pile de maçonnerie, pour faciliter l'écoulement de la riviere d'Aa dans le tems dés grandes crues; ce qui pouvoit fe faire encore par le canal de décharge G L F I (Pl. XXXVII), au moyen d'une petite éclufe F ménagée du tems des Efpagnols, & dont on continue de fe fervir. La plus large voie fut déterminée à 20 pieds pour le paffage des bateaux, & la petite à 16, fermée par une porte tournante, afin de donner la chaffe aux eaux qui devoient entretenir à une jufte profondeur le lit de la riviere jufqu'à la mer, par une manœuvre toute femblable à celle que nous avons expliquée dans les articles 273, 274, 275 & 276.

Defcription fuccinte de cette éclufe.

Planc. XXXVII.

L'endroit où l'éclufe devoit être fituée ayant été marqué par M. de Vauban, l'on traça l'étendue que devoit avoir fa fondation, à laquelle il fut donné 16 toifes 3 pieds de longueur, fur 15 toifes 3 pieds de largeur. Pour régler la profondeur du déblai, il fut arrêté que le radier feroit établi à 18 pouces plus bas que celui de l'éclufe que celle-ci devoit remplacer, & les repaires pour les niveaux fixés en conféquence.

Après cette difpofition on marqua par des piquets le circuit des batardeaux, qui fut fait affez grand pour la commodité du travail (221). Après quoi l'emplacement des chantiers fut défigné à l'entrepreneur, à la charge de dédommager les propriétaires du tort qu'ils pourroient en recevoir, ce qui eft ordinairement fpécifié dans le devis; au lieu que l'indemnité du terrein que devoit occuper l'éclufe & le nouveau lit de la riviere d'Aa, felon la difpofition du projet, fut mife, comme de raifon, fur le compte du Roi.

Planc. XXXII.

446. A mefure que l'on fit le déblai des terres, on en forma les batardeaux, en ménageant les rampes néceffaires; & lorfqu'on fut parvenu à la profondeur déterminée, qu'on eut bien arrafé le fond fur lequel devoit repofer le maffif de l'éclufe, & placé les machines, l'on fonda le terrein pour régler la longueur des pilots, qui fut eftimée devoir être de 8 pieds, fur 9, 10 & 11 pouces d'équarriffage; les petits pour être enfoncés fous les bajoyers & la pile du milieu, les moyens fous les traverfines ou ventrieres des palplanches, & les gros fous les maîtreffes pieces qui devoient porter les bufcs.. Pour lefquels endroits enfemble il en

Détail fur ce qui fut fuivi pour établir la fondation de cette éclufe.

fut employé neuf cent cinquante-fix, fans compter ceux des faux radiers. Tous ces pilots furent plantés dans des alignemens parallèles, afin de les encaftrer à tenons & mortoifes aux longrines & traverfines qu'ils devoient foutenir, comme on le voit marqué dans les profils; ce qui fut dirigé par les foins d'un Ingénieur particulierement chargé de veiller à la conduite des charpentiers, fur-tout à ce que les palplanches fuffent enfoncées bien droites, & jointes les unes aux autres à rénure & languette. Lorfqu'elles n'étoient pas affez ferrées, les joints en étoient recouverts par des planches de deux pouces d'épaiffeur, fournies aux frais de l'entrepreneur, afin de l'obliger à ne fe fervir que d'ouvriers attentifs; & s'il arrivoit que le défaut ne pût être aifément corrigé, les palplanches mal pofées étoient arrachées tout de fuite, pour être rebattues de nouveau, ce qui étoit exécuté avec la dernière févérité. Je tiens ce détail, de même que nombre d'autres, de M. de Charbife, ancien Ingénieur en chef, qui étoit employé à la conftruction de cette fameufe éclufe, & avec lequel j'ai eu l'avantage d'être journellement pendant quinze ans dans une étroite liaifon.

Autre détail fur la conftruction de cette éclufe.

447. Après que tous les pilots & palplanches eurent été enfoncés & récépés à la hauteur convenable, le fond nettoyé & mis bien de niveau, l'on commença la maçonnerie qui devoit en remplir les vuides, fur la hauteur d'environ trente pouces, pour gagner le deffous de la première grille, compofée de douze cours de longrines, de 10 fur 10 pouces d'équarriffage, diftribués de manière qu'il s'en trouvât trois fous chaque bajoyer, autant fous la pile, un dans le milieu de la petite voie, & deux dans la largeur de la grande, liées aux pilots par des chevilles d'un pouce en quarré fur douze de longueur. Mais pour favoir leur jufte pofition, l'éclufe fut tracée de nouveau, en donnant 14 pieds d'épaiffeur à chacun des deux bajoyers, depuis leur fondation jufqu'au fommet des contreforts, où l'on fit une retraite d'un pied, quoiqu'elle ne foit pas marquée dans le profil E F. A l'égard de la pile du milieu, fon épaiffeur fe fit de 15 pieds depuis fa bafe jufqu'au fommet, déterminé, ainfi que celui des bajoyers, à 4 pieds au-deffus des plus hautes mers de vive eau.

Toute la maçonnerie de ce maffif fut faite de pures briques, entières & choifies, pofées en bain de ciment compofé de deux tiers de chaux vive de Boulogne & d'un tiers de terraffe de Hollande, de la meilleure qualité, bien pulvérifée & tamifée; ce qui fut continué de même fur le refte de fon épaiffeur, à mefure que les grillages étoient formés.

Sur

Sur cette grille l'on en fit une seconde de traversines de même équarrissage, continuée uniforme pour les suivantes, c'est-à-dire toujours de 10 sur 10 pouces, posées bien de niveau, encastrées réciproquement, & attachées ensemble avec des chevilles ébarbées d'un pouce quarré sur 14 de longueur; ces traversines furent placées à 20 pouces de vuide, qu'on remplit de maçonnerie de briques posées de champ, terminée par une couche de mortier de ciment, qui fut tout de suite recouverte d'un plancher de chêne de 3 pouces & demi d'épaisseur, à l'endroit de chaque passage seulement, n'anticipant que d'environ deux pieds sous les bajoyers & la pile.

448. Les planches n'avoient pas moins de 20 pieds de longueur, bien jointes & arrêtées par des clous de 7 à 8 pouces, retenues encore avec des chevilles de bois, le tout calfaté, brayé & goudronné. Ensuite l'on posa un cours de longrines dans le milieu de chaque passage, trois autres sous les bajoyers, & autant sous la pile; de maniere qu'il s'en trouvât toujours un sous l'à-plomb du parement où l'on avoit commencé d'abord à les doubler, comme on le voit marqué sur le second plan, ce qui n'a pas été continué, ayant paru inutile. Toutes ces longrines furent bien attachées à chaque traversine de dessous, avec des chevilles ébarbées de 15 lignes en quarré, sur 16 à 17 pouces de longueur.

Après l'établissement de cette troisieme grille, on en posa une derniere de traversines, chacune d'une seule piece, répondant exactement sous celles de dessous, avec cette différence qu'elles n'avoient que 4 pieds de plus que la largeur du passage où elles étoient posées, afin d'enclaver de deux pieds leurs extrêmités dans le massif des bajoyers & de la pile. Toutes ces traversines furent encastrées & liées avec les longrines, par des chevilles à tête refoulée de 18 pouces de longueur sur 15 lignes de diametre, de façon qu'elles reposassent sur le plancher de dessous. Les compartimens ont été remplis de maçonnerie de briques comme ci-devant, terminés encore par une couche de mortier de ciment, pour y asseoir le second plancher de trois pouces d'épaisseur, attaché & conditionné comme le premier, & couvert d'un lit de mousse, redoublé sur joint par un dernier plancher de deux pouces, ne regnant que sur la largeur de chaque voie, cloué, chevillé, calfaté, brayé & goudronné, comme il est expliqué aux articles 296, 297; bien entendu que les maîtresses pieces & les buscs ont été posés à mesure que la fondation avançoit, de la maniere suivante.

449. On a donné aux deux ventrieres des palplanches placées

pente em-
ployées au ra-
dier de cette
écluse.

aux extrêmités du radier, 12 fur 12 pouces d'équarriffage. Aux
deux maîtreffes pieces fous les bufcs de la grande voie, 27 pieds
de longueur fur 16 à 22 pouces de groffeur. Aux deux autres fous
le bufc du petit paffage & fous le feuil de la porte tournante, 24
pieds de longueur, fur 16 à 21 pouces de groffeur.

PLANCH.
XXXII.

Le feuil fervant auffi de palier pour loger les crapaudines des
portes de flot du grand paffage fut fait de 27 pieds de longueur,
fur 23 à 27 pouces d'équarriffage ; le poinçon du bufc de 10 pieds
de longueur fur 23 à 23 pouces de groffeur, de même que les
heurtoirs. A l'égard du bufc des portes d'Ebes, on le fit un peu
plus foible, parce qu'il devoit avoir moins d'effort à foutenir.
Toutes ces pieces affemblées avec des chevilles de fer de 22 pouces de longueur fur 15 lignes de diametre.

Le feuil du bufc du petit paffage fut employé de 22 pieds de
longueur fur 21 à 23 pouces d'équarriffage, le poinçon de 6
pieds de longueur fur 16 à 23 pouces, de même que les heurtoirs, affemblés avec des chevilles pareilles aux précédentes.
Quant au feuil de la porte tournante, on lui donna 24 pieds de
longueur fur 23 à 25 pouces d'équarriffage; pour l'affurer contre
la charge que devoit foutenir cette porte, on le fortifia par deux
arc-boutans oppofés L, chacun de 9 pieds de longueur fur 18 à
18 pouces de groffeur, emmortoifés enfemble, au furplus en-
caftrés & chevillés avec les traverfines de deffous, & l'on atta-
cha à ces arc-boutans, les bornes M de la même porte pour l'entretenir dans le fil de l'eau, quand elle feroit ouverte.

Précaution
prife pour
affeoir d'une
maniere bien
étanche le
feuil des
bufcs.

450. Avant que d'affeoir à demeure les feuils fur les maîtreffes
pieces, les faces oppofées furent proprement travaillées pour
qu'elles se joigniffent bien, & l'on pratiqua dans le milieu de
leur longueur une rénure de deux pouces de largeur fur autant de
profondeur, qui avoit par conféquent un peu moins de deux fur
4 pouces d'équarriffage; & afin de rendre cette jonction encore
plus étanche, l'on fit chauffer les faces jointives pour les gou-
dronner, en appliquant tout de fuite fur celle d'en bas une couche de bourre d'environ deux lignes d'épaiffeur.

Les bufcs des venteaux, le feuil & les heurtoirs de la porte
tournante, ayant été placés & arrêtés avec des chevilles de fer
proportionnées à la groffeur des bois, & tout le maffif de la fondation arrafé au niveau du radier, l'on rectifia de nouveau le tracé
de la pile & des bajoyers, pour figurer exactement la forme des
chardonnets, l'enfoncement des enclaves, les feuillures de la
porte tournante, en un mot tout ce qui devoit affujettir la pre-

miere assise du parement, qui fut posée en retraite de six pouces, PLANC.
sur un cours de madriers de 18 de largeur sur 4 d'épaisseur, & XXXII.
non pas 16 sur 9, comme il est dit mal à propos, art. 334.

451. La pierre de taille fut tirée de la carriere de Landretun, *Construction*
& des meilleurs bancs de la côte d'Ambleteuse, posée par assises *des bajoyers*
& de la pile
reglées bien de niveau, n'ayant pas moins de 9 pouces de hau- *qui separe la*
teur, sur 18 à 20 pouces de lit, les plus hautes servant de base *grande & la*
aux suivantes. Les boutisses de 30 à 36 pouces de queue, n'ayant *petite voie de*
l'écluse.
jamais dans leur intervalle que deux pannereffes au plus de suite;
les unes & les autres placées à petit joint, le parement réparé au
ciseau. Ces pierres furent cramponnées aux angles & aux autres
endroits qui devoient le plus fatiguer; par exemple aux feuillures
K de la porte tournante, où il ne fut employé que les plus dures
& les plus grandes que l'on pût trouver, afin d'avoir égard à l'é-
chancrure qu'on devoit y tailler. L'on n'apporta pas moins d'attention à former l'enclave N O du valet de cette porte, sur-tout
pour le choix & la position de la boutisse en saillie O dans laquelle
devoit être logée la crapaudine du pivot du même valet.

A mesure que le parement s'élevoit, le derriere en étoit garni
de brique choisie, posée en mortier de ciment sur l'épaisseur de 2 à
3 pieds; le reste continué en bain de mortier, composé de moitié
de chaux vive de Boulogne, sur une égale quantité de sable, le
tout battu & broyé avec soin. Les briques étoient trempées dans
l'eau à mesure qu'on les employoit; c'est à quoi veilloit sans cesse
un Ingénieur chargé de la maçonnerie, qui avoit grand soin sur
toutes choses de faire poser dans leur vraie direction les tirans
des colliers avec leurs clefs, les meches & autres grosses pieces
de ferrure, qui furent enclavées dans le corps des bajoyers & de
la pile, dont le parement de l'avant & arriere-bec a été travaillé
avec un soin extraordinaire; ce qui étoit bien marqué quand j'ai
examiné cette écluse en 1730; dans une des tournées que je fis
exprès sur toute la côte de Flandres, pour m'instruire de ce que
j'avois dessein d'enseigner aux autres.

Les bajoyers & la pile ayant été élevés à 4 pieds au-dessus des
plus hautes marées de vives eaux, non-seulement pour les empêcher d'être submergés, mais aussi pour donner plus de charge
aux tirans des colliers; leur sommet fut terminé par une tablette
de pierres plates, tirées en partie de la démolition de la vieille
écluse, dont les meilleurs matériäux ont servi pour construire
celle-ci; le reste de l'épaisseur fut couvert d'un lit de briques posées de champ & debout, avec mortier de ciment; ce qui a été

S sij

exécuté auffi au couronnement, des contreforts, terminés à 5 pieds au-deffous du fommet des bajoyers.

Comme cette éclufe fe trouvoit fituée à la fortie de la porte de Calais, l'on fit un pont tournant pour traverfer la grande voie, afin que les bateaux puffent y paffer tous mâtés, & l'on en établit un dormant fur l'autre voie; mais tous deux font mal repréfen és dans le profil EF. Il faut que le tournant ait fon pivot au milieu de fa longueur, affis fur la pile & non pas fur le bajoyer droit.

*Il y a plu-
fieurs chofes
qui ont été
fuivies dans
la conftruction
de cette eclufe
dont il ne faut
pas juger par
les deffeins
de la planche.*

PLANC.
XXVIII
& XXXII.

452. Je paffe fous filence ce qui fut exécuté pour la conftruction des faux radiers, que j'ai fuffifamment détaillée dans l'article 329; j'en uferai de même pour les ailes qui furent toutes faites en charpente, & terminées par les files de palplanches pofées en avant du radier, à 10 toifes des muffoirs, ce fujet ayant été amplement traité à la fuite de l'article 362. Je pourrois par la même raifon gliffer fur ce qui appartient aux portes bufquées, s'il ne m'avoit paru convenable d'obferver que celles que l'on voit exprimées fur la planche XXXII, font trop matérielles & trop furchargées de ferrures pour avoir jamais été exécutées. En effet n'eft-ce pas vouloir prodiguer la charpente, que d'employer fix entretoifes à des venteaux qui ne devoient avoir que 15 pieds de hauteur du côté de la mer, & 13 feulement pour ceux qui regardent le pays, tandis que quatre entretoifes étoient fuffifantes, comme on le voit au venteau exprimé par la quatrieme figure de la planche XXVIII, que je garantis conforme à ce qui exifte, l'ayant moi-même deffiné fur les lieux, & ayant mefuré les pieces qui le compofent; elles font affez d'accord avec la regle que nous avons établie fur ce fujet, art. 375, excepté les bracons & montans qui n'auroient dû avoir felon moi que 5 fur 7 pouces d'équarriffage, au lieu de 10 fur 10, comme la figure le montre.

Il pourroit bien auffi fe rencontrer quelques legeres différences entre la charpente du premier plan que je rapporte de la fondation de cette éclufe & ce qui a été exécuté effectivement; l'état de fon toifé n'y eft point entierement conforme; ce qui vient peutêtre des changemens qu'on a fait dans le tems de la conftruction, ou de la diffemblance des deffeins qui ont été donnés pour fon projet, en ayant vu plufieurs où l'on remarque des chofes qui ne font pas tout-à-fait les mêmes. Quoi qu'il en foit, comme mon deffein eft d'inftruire plutôt par des regles générales, que par une imitation trop fcrupuleufe des morceaux que je rapporte, ce qui précede n'en eft pas moins digne d'attention; c'eft pourquoi je n'ai point héfité de faire graver les développemens que je donne ici préférablement aux autres dont j'avois le choix, à caufe de la petiteffe de leur échelle, qui donnoit l'avantage de les réunir tous fur une même planche. Au refte n'ayant parlé dans l'article 273, que fort fuperficiellement des portes tournantes, je vais profiter de l'occafion que me fourniffent celles de cette éclufe pour entrer dans un plus grand détail.

SECTION II.

De la conftruction des portes tournantes fimples.

453. CE n'eft que vers la fin du feizieme fiecle que les Hollandois fe font apperçus les premiers de tout l'avantage qu'on pouvoit tirer des éclufes pour approfondir les ports de mer, afin de les rendre capables de recevoir les plus gros vaiffeaux. L'efprit du commerce s'étant accru avec la découverte du nouveau monde, où ils s'étoient rendus puiffans, ils s'appliquerent à tout ce qui pouvoit le favorifer, & la République naiffante manifefta plus que jamais fon émulation pour le progrès de l'Architecture Hydraulique. Mais il reftoit encore un point difficile à vaincre, qui étoit de faire enforte qu'en même tems que les éclufes auroient la propriété de creufer le fond & de donner la chaffe au fable, elles ne fiffent point obftacle au libre paffage des vaiffeaux tout mâtés, ce qui n'avoit point encore été trouvé. Sur quoi Simon Stevin rapporte, que s'entretenant un jour avec un nommé *Adrien Janffen*, maître Charpentier de Roterdam, & avec *Cornelis Diricxen-Muys*, autre maître Charpentier de la ville de Delft, fur le moyen d'y parvenir, ils firent entr'eux une affociation, par laquelle ils s'obligerent de fe communiquer réciproquement ce qui leur viendroit en penfée à cet égard; à condition que le bénéfice qui pourroit réfulter de l'invention adoptée par les trois enfemble, feroit partagé en commun. Quelque tems après ils fe raffemblerent pour produire le fruit de leurs recherches. Le moyen propofé par Adrien Janffen, fut préféré à celui des deux autres; il fe réduifoit à ménager dans chacun des venteaux bufqués qui regarderoient le pays, une porte tournante retenue, quand elle feroit fermée, par un valet de fer attaché au poteau tourillon correfpondant; afin que quand la mer feroit baffe & les portes tournantes chargées d'eau, on pût les ouvrir pour la laif-

Difcours fur l'origine des portes tournantes.

ſer échapper, comme nous l'expliquerons plus particulierement dans la ſuite.

454. Stevin, en donnant de grands éloges à cette nouvelle invention, dont il étoit bien en état de ſentir toute l'utilité, fait entendre que l'idée n'en étoit venue à Adrien Janſſen, qu'après avoir eu connoiſſance d'une ſimple porte tournante, faite depuis peu pour la premiere fois, à une écluſe conſtruite à la Brille, jolie ville de Hollande à l'embouchure de la Meuſe, devenue célebre par la confédération qui s'y fit en 1572, des principaux chefs du pays, pour jetter les premiers fondemens de leur Républiquе. Mais comme l'arbre qui ſervoit de pivot à cette porte tournante, ſe trouvoit placé à peu près dans le milieu de la largeur de l'écluſe, les vaiſſeaux ne pouvoient paſſer d'un côté à l'autre; au lieu que ſelon le projet d'Adrien Janſſen, le paſſage ſe trouvoit libre, dès qu'on ouvroit les deux venteaux, après avoir logé les portes tournantes dans leurs feuillures. Cependant continue Stevin, ces mêmes portes furent encore peu après perfectionnées par un nommé *Adrien Dericxen*, Charpentier de Delft, qui obtint de leurs Hautes-Puiſſances, le privilege de conſtruire ſeul des écluſes ſelon la nouvelle invention, ce qu'il eſt en nombre d'endroits, tant en Hollande qu'en Flandres. Il eſt à remarquer que les portes tournantes ne ſe manœuvroient alors qu'avec des cabeſtans, à l'aide des cables & des poulies de retour; ce qui étoit facilité par l'inégalité du partage de la largeur des portes, dont le pivot n'étoit pas tout à fait dans le milieu. Les pertuis & les ventails qu'on y menage aujourd'hui, pour rompre alternativement l'équilibre, en faveur d'un côté ou de l'autre, n'ayant été imaginés que fort long-tems après, par M. *Clement*, qui en a fait uſage le premier aux portes de l'écluſe de Bergues à Dunkerque.

455. Les portes tournantes peuvent être diſtinguées en trois eſpeces différentes; la premiere, celles qui ſont *iſolées*, c'eſt-à-dire dont une ſeule ferme toute la largeur de la voie où elle eſt ſituée, comme à Gravelines. La ſeconde, qu'on peut nommer *enchaſſée*, celles qui font partie des venteaux d'une grande écluſe, comme à l'ancienne du canal de Bergues; la troiſieme enfin, celles qui ſont *couplées* & jouent enſemble, comme aux écluſes des portes de Fecamp, & de St. Vallery en Caux, ſur la côte de Normandie.

Pour les expliquer dans l'ordre où je viens de les définir, je commencerai par celle de Gravelines, exprimée en grand ſur la

planche XXXIII, où l'on voit que cette porte eſt compoſée de
deux poteaux battans C D, de quatre moiſes jumelles E F, em-
braſſant en haut & en bas l'arbre tournant A B, de deux doubles
entretoiſes G H, placées dans les intervalles qui ſe trouvent entre
cet arbre & les poteaux battans, de dix bracons I, répondant au
même arbre, & des montans P Q, appartenant aux couliſſes des
ventails L M, qui jouent dans les circonſtances expliquées à l'art.
275, qu'il feroit bon de relire préſentement pour plus d'intelligence.

Environ à 3 pieds au-deſſous du ſommet de cette porte il y a
ſur chaque face une planche portée par des corbeaux de fer pour
ſervir de pont à l'écluſier lorſqu'il veut aller lever ou baiſſer les
ventails, n'ouvrant jamais les guichets au point de rompre tout
à fait l'équilibre, de crainte qu'il ne lui arrive accident, mais
ſeulement aſſez pour faciliter le mouvement de la porte qu'il
ouvre enſuite à l'aide du cabeſtan.

Quant aux ferrures, il eſt viſible que les moiſes ſont liées avec
l'arbre tournant par des platebandes de fer, traverſées de boulons, ayant leurs rondelles & clavettes; & que les poteaux battans ſont unis de même par des étriers avec les moiſes & entretoiſes, qui rendent cet aſſemblage indiſſoluble; à quoi contribue
auſſi ſon bordage, dirigé du même ſens que les bracons; ce qui
fait que tout eſt appuyé ſur le poteau tourillon, (372) qui eſt lui-
même bien aſſuré dans ſa crapaudine & au ſommet par des moiſes
ferrées avec boulons, arc-boutées encore par les liens d'un chaſſis
enclavé dans les bajoyers, comme on peut le remarquer par
celui que repréſente la ſeconde figure de la planche XXXV,
rempliſſant un objet à peu près ſemblable.

456. Le plan de cette porte, accompagné des lettres relatives
à celles qui marquent les mêmes pieces dans l'élévation, montre
ici que le tracé *abdefgh* exprime le parement du bajoyer gauche, à l'endroit de la feuillure *efg*, contre laquelle s'appuye le
poteau X de la porte quand elle eſt fermée, & l'enclave *b d e* où
ſe loge le valet qui la retient. D'autre part *i k l m* repréſente de
même le tracé du bajoyer droit, échancré en portion de cercle,
pour faciliter le jeu de la porte & former la feuillure *k l* où s'appuie l'autre poteau Z, dans un ſens oppoſé au précédent; obſervant au ſurplus que l'arbre tournant n'étant point dans le milieu,
le grand côté X Y a 8 pouces de plus que le petit Y Z, afin que
cette porte étant fermée & les ventails baiſſés, la mer appuyant
plus ſur ce côté là que ſur l'autre, ne puiſſe jamais l'ouvrir pour

*Obſervation
ſur ce qui ap-
partient à la
méchanique de
cette porte.*

paſſer dans le pays; au contraire qu'elle contribue elle-même à la maintenir en cet état, dans le cas où les portes buſquées qui ſont en avant ſe trouveroient ouvertes par accident ou pour quelque réparation.

PLANCH. XXXIII. La raiſon qui oblige encore de faire le côté de la porte qui ſe meut en avant plus large que l'autre, c'eſt afin que la mer en remontant, trouvant plus de priſe, puiſſe ſeule la refermer, parce qu'elle n'eſt pas tout à fait dans le fil de l'eau, ainſi le valet ne devient néceſſaire qu'au moment que le niveau de la marée ſe trouve inférieur à celui de l'eau douce, dans le cas où l'on voudroit la ménager, en ne lui laiſſant point du tout d'écoulement; autrement l'on pourroit s'en paſſer, en laiſſant le guichet M fermé, & l'autre L ſuffiſamment ouvert pour laiſſer un eſpace qui n'étant plus pouſſé par l'eau douce, faſſe que le côté qui étoit le plus chargé le devienne moins. Alors, quand la mer ſera retirée, l'on pourra baiſſer le ventail L pour regagner & même ſurpaſſer l'équilibre, afin que la porte s'ouvre & aille d'elle-même ſe diriger dans le fil de l'eau. Au reſte cette porte peut auſſi ſe mouvoir avec des cabeſtans, en y amarrant des cables & des poulies de retour, comme on fait à celles de Muyden, où il n'y a ni valet ni ventails.

Détail ſur les principales pieces de charpente de la même porte.

457. Le même plan comprenant les moiſes d'en bas, montre ſenſiblement comme elles accolent l'arbre tournant, & la maniere dont elles ſont liées enſemble par un nombre de boulons de fer qui les traverſent; de là, elles vont en diminuant d'épaiſſeur vers leurs extrêmités CD, s'aſſembler aux poteaux battans X & Z. On obſer-

PLANC. XXXVI. vera auſſi dans la premiere figure de la planche **XXXVI**, que l'arbre tournant AB, a deux entailles oppoſées *a c b* en haut & en bas, pour ſervir d'appui aux moiſes. A l'égard des entretoiſes repréſen-

PLANC. XXXIII. tées par la neuvieme figure (Pl. **XXXIII**), elles vont auſſi en diminuant d'épaiſſeur, en partant de l'arbre tournant, avec lequel elles ſont liées & fortifiées des deux côtés de la porte, par des doubles rengraiſſes. Il eſt bon d'obſerver que quoique la ſeconde entretoiſe G paroiſſe interrompue par le ventail L, elle n'en eſt pas moins liée avec le poteau gauche, comme l'autre H paroît l'être avec le droit; il arrive ſeulement que l'on menage vers l'extrêmité de chacune, mais dans un ſens oppoſé, un demaigriſſement pour le paſſage des ventails. Or comme l'endroit M marque le revers de la ſeconde, poſée de l'autre côté de la porte, il eſt aiſé de juger de la ſituation de leurs faces extérieures; ſur quoi j'ajouterai que le bordage N, qui forme le panneau qu'on voit au-deſſus du guichet, s'applique ſur le côté oppoſé, où il

eſt

est entretenu par un chaffis de fer attaché folidement. Je dirai encore que quoique le recouvrement de la carcaffe de cette porte paroiffe pofé fur la face qui regarde la mer, il faut s'imaginer qu'il l'eft au contraire fur celle qui regarde le pays, n'en ayant ufé de la forte que pour ne point mafquer les principales pieces.

458. Quant aux dimenfions de la charpente de cette porte, *Dimenfion de* l'on a donné à l'arbre tournant 16 pieds 8 pouces de hauteur, *la charpente* fur 15 & 17 pouces d'équarriffage. Son bouton ou colet jouant *porte & de fon* dans une feule piece R S nommé *tête*, de 24 pieds de long, fur *valet.* 22 pouces d'équarriffage, tenant lieu des moifes dont il eft parlé dans l'article 455.

PLANC.

Les poteaux battans ont été faits de 12 pieds de hauteur, fur XXXIII, 10 à 12 pouces d'équarriffage. Fig. 8, 9

Les quatre moifes qui accolent l'arbre tournant, ont leur lon- & 10. gueur proportionnée à la largeur de la porte, qui a été faite de 17 pieds pour une voie de 16, les poteaux battans ne couvrant leur feuillure que de 6 pouces. Ces moifes ont chacune au milieu 9 fur 10 pouces d'équarriffage, réduites à leurs extrêmités à l'épaiffeur des poteaux battans.

Les quatre entretoifes ont 10 fur 12 pouces d'équarriffage, & font liées avec l'arbre tournant, par des rengraiffes de 7 pieds de longueur, fur 5 à 9 pouces d'équarriffage; fortifiées de plates-bande de fer, comme on le voit marqué dans la feconde figure de la planche 24, les ayant fupprimées ici pour ne point couvrir l'affemblage des mêmes entretoifes.

Pour les bracons, on les a fait de 10 fur 11 pouces, & les potelets ou petits poteaux montans pour les couliffes des ventails, de 8 fur 10; le tout recouvert d'un bordage de deux pouces & demi d'épaiffeur, pofé du même fens que les bracons.

A l'égard du valet fervant de clef à cette porte, la figure 5 Fig. 5. montre qu'il eft compofé d'un poteau tourillon A B, de 10 pieds de long, fur 6 à 10 pouces d'équarriffage, & de la branche C D E d'une feule piece, de 14 pieds de longueur, auffi de 6 fur 10 pouces d'équarriffage, de même que les deux liens F, G, folidement entretenus par des étriers. Les doubles équerres de fer n'ont point eu lieu, non plus que la plate-bande qu'on voit deffus le poteau pour le fortifier.

459. Je n'ai point parlé des ferrures des portes bufquées de *Dimenfions &* cette éclufe, parce qu'elles font aifées à eftimer felon la largeur *cipales pieces* des venteaux, en fuivant les regles générales que j'ai données *de ferrure em-* dans l'art. 390; mais je n'en uferai pas de même pour celles de *te porte.*

Part. II. Tome I. T t

la porte tournante, dont il n'a pas encore été fait mention; c'est pourquoi je les rapporte ici, dans l'ordre où il convient qu'elles soient pour le toisé; ainsi l'on peut regarder cet article, comme une suite du 432ᵉ.

Pour assembler les principales pieces de cette porte, il a été employé 22 goujons, de 12 pouces de longueur, pesant ensemble 50 livres.

18 Chevilles ébarbées, dont 9 à tête ronde, & 9 à tête refoulée, pesant ensemble 95 livres.

12 Chevilles d'un pouce de diametre à tête ronde, pour la jonction des moises; savoir 8 de 18 pouces de long, & les 4 autres de 11 pouces, pesant ensemble 82 livres.

6 Chevilles de 22 pouces de long, pour lier les rengraisses appliquées sur les entretoises, pesant ensemble avec leurs viroles & clavettes 48 livres.

12 Allumelles pour garantir le collet ou pivot supérieur, pesant ensemble 25 livres.

8 Etriers pour fortifier l'assemblage des poteaux battans, avec les moises & entretoises, pesant ensemble 354 livres.

8 Plate-bandes pour fortifier les rengraisses des moises & entretoises, chacune de 30 pouces de longueur, pesant ensemble 157 livres.

Quatre frettes placées aux extrêmités des poteaux battans, & deux anneaux à branche attachés sur la tête des mêmes, pour faciliter l'ouverture & la fermeture de la porte, pesant ensemble 124 livres.

Trois étriers, 2 pivots & 2 frettes, pour la clef de la porte tournante, pesant ensemble avec les chevilles, clous & le collier, 210 livres.

La crapaudine, le pivot & le cercle de fonte, dans lequel joue le bouton ou collet de la porte, pesant ensemble 410 liv.

On peut des dimensions précédentes déduire celles qui pourront convenir pour des portes tournantes plus ou moins larges que celle de Gravelines.

460. Comme la largeur de cette porte tournante tient un milieu entre la plus grande, que je crois pouvoir borner à 24 pieds, & la plus petite que je réduis à 8, le détail que je viens de donner de sa charpente & de ses ferrures, pourra servir à déterminer la force des pieces de pareille espece, en les augmentant ou les diminuant selon la largeur des mêmes portes; à quoi peut aussi beaucoup aider ce que j'ai enseigné dans les articles 375, 390 & 407; en suivant ce qu'on y trouve prescrit pour les venteaux, observant seulement de doubler la voie où la porte tournante doit être appliquée. C'est-à-dire que s'il s'agissoit par exemple,

d'une voie de 12 pieds, il faut adapter à cette porte des ferrures plates, pivots & crapaudines, appartenant aux venteaux d'une
écluse de 24 pieds de largeur ; & en user à peu près de même
pour la charpente, en observant les modifications auxquelles ils
convient d'avoir égard ; ainsi afin d'éviter l'ennui inséparable des
détails trop répétés, je vais passer à des recherches de théorie
sur les portes tournantes, qui pourront amuser & instruire ceux
qui seront en état de les entendre. A l'égard des autres qui ne
savent point du tout d'algébre, ce sera moins ma faute que la
leur, s'ils n'ont point le même avantage ; ce que j'ai à dire ne
pouvant guere s'expliquer que par son secours. Cependant comme il est juste de leur donner quelque satisfaction, je ferai en-
sorte qu'ils puissent aussi y trouver leur compte.

SECTION III.

Comprenant des recherches sur la perfection des portes tournantes.

461. **V**Oulant estimer exactement l'action de l'eau contre les
parties inégales de la porte, eu égard à l'arbre tournant A B, quand les ventails sont tous les deux baissés, il n'en
faut pas juger par le rapport de leurs largeurs Y X & Y Z, mais
bien par celui des quarrés des mêmes largeurs ; je veux dire, que
si la premiere étoit de 9 pieds, & la seconde de 8, les effets de
la poussée de l'eau ne sont pas comme 9 est à 8 ; mais comme
81 est à 64 ; parce qu'il faut y comprendre non-seulement les
quantités d'eau qui causent la poussée, mais encore les bras de
levier qui leur répondent. Je m'explique.

Nous avons démontré, article 413 de la premiere partie, que
le centre de force ou d'impression de l'eau contre une surface
verticale & rectangulaire, étoit aux deux tiers de sa hauteur prise
au-dessous de son niveau dans une verticale qui partageroit également la largeur de la surface. Supposant donc que le niveau de
l'eau que soutient la porte soit à la hauteur *q r*, que l'horisontale
X Z soit éloignée de la précédente des deux tiers de sa hauteur
au-dessus du radier *u t*, & que le pivot réponde à l'axe de l'arbre
tournant ; le point Q, milieu de X Y, sera le centre d'impression
de la poussée de l'eau qui agit sur le grand côté ; & le point P,
milieu de Y Z, le centre d'impression de celle qui agit sur le petit. Or comme cette action se fait de part & d'autre relativement

T t ij

*L'action de
l'eau contre
les deux côtés
inégaux d'une
porte tour-
nante, n'est
pas dans la
raison des lar-
geurs des mê-
mes côtés,
mais bien com-
me leurs quar-
rés.*

au point d'appui Y, la premiere aura pour bras de levier l'intervalle YQ, & la feconde pour le fien, l'intervalle YP. Mais les
hauteurs de l'eau étant égales, leurs pouffées pourront être exprimées par les largeurs XY & YZ, ainfi leurs quantités de
mouvement feront comme le produit de XY par QY, eft à celui d'YZ par YP; ou comme le quarré de XY eft au quarré
d'Y Z.

Maniere de trouver la po-fition de l'ar-bre tournant pour que l'ac-tion de l'eau fur les deux côtés de la porte foit en raifon donnée.

461. Ceci bien entendu, je fuppofe qu'ayant déterminé la capacité d'une porte tournante, on veut favoir à quel endroit de
fa largeur doit être placé l'arbre tournant, pour que l'action de
l'eau contre les deux faces inégales foit en raifon donnée, par
exemple de 7 à 6, c'eft-à-dire que la quantité de mouvement
répondant à la grande furface foit d'un fixieme fupérieure à celle
qui agira fur la petite. Comme ce problême ne peut être réfolu
d'une maniere générale que par l'algèbre, je vais y avoir recours,
en expliquant les opérations de maniere qu'elles pourront être
fuivies de ceux même qui n'ont qu'une legere teinture de cette
fcience.

PLANC. XXXIII, Fig. 8.

Ayant nommé *a*, la largeur XZ de toute la porte; *x*, fa petite
partie YZ; la grande XY, fera *a — x*, dont les quarrés font *xx*,
& *aa — 2 a x + xx*; & comme le fecond doit être plus grand d'un
fixieme que le premier, l'on pourra en ajoutant à ce premier la
fixieme partie de lui-même, l'égaler au fecond, pour avoir cette
équation, $xx + \frac{xx}{6} = aa — 2ax + xx$, qui étant réduite en
effaçant xx de part & d'autre, donne $\frac{xx}{6} = aa — 2ax$, qu'il faut
multiplier par 6 afin d'avoir $xx = 6aa — 12ax$. Que fi l'on fait
paffer — 12 *ax* du fecond membre dans le premier, l'on aura
$xx + 12ax = 6aa$; à chaque membre de laquelle ajoutant le
quarré de la moitié du coëficient 12 *a*, qui eft 36 *aa*, afin de
rendre le premier un quarré parfait; il viendra $xx + 12ax + 36$
$aa = 6aa + 36aa$, dont les racines donnent $x + 6a = \sqrt{42aa}$,
ou $x = \sqrt{42aa} — 6a$.

Calcul numé-rique appliqué à une équation générale, pour découvrir la jufte pofition de l'arbre tournant.

463. Pour avoir la valeur d'*x*, nous fuppoferons que la largeur
XZ (*a*) de la porte de dehors en dehors, eft de 17 pieds, dont le
quarré donne 289, qui étant multiplié par 42, il vient 12138
pieds quarrés, dont la racine eft de 110 pieds 2 pouces, d'où
fouftrayant la valeur de 6 *a*, qui eft 102, comme l'équation l'in-
dique, la différence fera de 8 pieds 2 pouces pour la valeur d'*x*;
c'eft-à-dire pour la valeur d'Y Z, qui étant fouftraite de la totale

17, refte 8 pieds 10 pouces pour celle du plus grand côté, qui fe trouvera avoir 8 pouces de plus que le petit. Que fi l'on reduit ces deux largeurs en pouces, il viendra 106 pour l'une, & 98 pour l'autre, qui peuvent être réduites à 53 & 49, marquant le rapport que les largeurs XY, & YZ, de la porte doivent avoir entre elles pour que l'action de l'eau fur le grand côté foit d'un fixieme fupérieure à celle qui agit fur le petit.

464. Il eft bon d'obferver ici que ce n'eft point par hafard que j'ai fuppofé l'action de l'eau fur le grand côté fupérieure d'un fixieme à celle qui agit fur le petit, mais après avoir vu à l'éclufe de Gravelines que cette quantité fuffifoit pour le bon ufage de la porte tournante, où en effet le grand côté a 8 pouces de plus que le petit. Ainfi comptant qu'on s'y arrêtera, l'on peut préfentement trouver par une fimple regle de trois la pofition de l'arbre d'une pareille porte, de telle largeur qu'on voudra, puifqu'il ne s'agit que de la divifer en deux parties dont la grande foit à la petite, comme 53 eft à 49. Par exemple, s'il s'agiffoit d'une porte de 12 pieds de largeur, l'on fe rappellera que dans une proportion géométrique, la fomme du premier antécédent & de fon conféquent, eft à fon antécédent, comme la fomme du fecond antécédent & de fon conféquent eft au même antécédent. On dira donc fi 102, fomme de 53 & de 49, donnent 53, que donneront 12 pour la plus grande de ces deux parties, qui tient ici lieu du fecond antécédent; l'on trouvera fix pieds 2 pouces 9 lignes, pour le grand côté, par conféquent le petit fera de 5 pieds 9 pouces 3 lignes, ainfi des autres.

465. Il refte préfentement à chercher de combien il faudra élever la vanne L, ou ce qui revient au même, quel paffage il faudra laiffer à l'eau, pour faire naître un défaut de pouffée, qui mette le refte de fon action en équilibre avec celle qui répond au petit côté, parce qu'après cela, l'on fera maître de rompre cet équilibre pour ouvrir la porte auffi doucement qu'on voudra, afin que la précipitation de l'eau qu'on laiffera échapper, ne lui faffe pas faire un mouvement trop violent; ce que les Eclufiers attentifs ne manquent pas d'obferver par un fentiment machinal, pour qu'il ne leur arrive point l'accident furvenu à une des portes tournantes de l'éclufe de Mardick, par la faute des Eclufiers, qu'une ardeur bacchique avoit fait agir fans circonfpection, comme je le rapporterai ci après.

Pour en venir aux calculs dont il s'agit, nous nommerons *b*, la hauteur de l'eau au-deffus du radier, que nous fuppoferons de

La meilleure maniere de placer l'arbre tournant, eft de fuire enforte qu'il divife la largeur de la porte en deux parties dont la grande foit à la petite comme 53 eft à 49.

PLANC. XXXIII, Fig. 8.

Calcul par lequel on découvre de quelle hauteur il faut élever le ventail répondant au grand côté pour que l'action de l'eau de part & d'autre foit en équilibre.

10 pieds ; c, la largeur du guichet L, qui fe trouve dans la figure de 2 pieds 8 pouces ; g, l'intervalle Y L du milieu du ventail au point d'appui Y, qui fe trouve de 6 pieds 6 pouces ; h, la hauteur du niveau de l'eau au-deffus de l'entretoife D E, fervant de bafe au guichet, qui eft ici de 9 pieds ; & y, la hauteur où il faut que le ventail foit élevé pour faire naître l'équilibre de l'action de l'eau fur les deux côtés de la porte ; d'où retranchant $\frac{y}{2}$, il vient $h - \frac{y}{2}$ pour la hauteur de l'eau au-deffus du centre de force.

Cela pofé l'on aura $b\,c$ multiplié par $\frac{c}{2}$, ou $\frac{bcc}{2}$ pour la pouffée de l'eau fur le grand côté, qui étant multiplié par $\frac{b}{2}$, donne $\frac{bb\,cc}{4}$ pour fon action fur le même côté ; par conféquent fi l'on fait un pareil calcul pour l'autre, l'on aura $\frac{bb\,dd}{4}$ pour la quantité de mouvement qui lui répond, qui étant retranchés du terme précédent, il vient, $\frac{bb\,cc - bb\,dd}{4}$ pour la différence des effets de l'eau fur les deux côtés de la porte, qu'il faut égaler à la quantité de mouvement que l'on veut fupprimer en élevant le ventail à la hauteur y, pour laiffer un paffage exprimé par fy, qui étant multiplié par $h - \frac{y}{2}$, l'on aura $fhy - \frac{fyy}{2}$, pour la pouffée de l'eau que l'on veut retrancher, qui étant multipliée par le bras de levier LY (g), donne $\frac{bb\,cc - bb\,dd}{4} = fghy - \frac{fgyy}{2}$, qu'il faut multiplier par 2 & divifer par fg ; il vient $\frac{bb\,cc - bb\,dd}{2fg} = 2\,hy - yy$, dont il faut changer les fignes afin de rendre yy pofitives, pour avoir $\frac{bb\,dd - bb\,cc}{2fg} = yy - 2\,h\,y$. A quoi ajoutant le quarré de la moitié du coëficient 2 h, qui eft hh, il vient $\frac{bb\,dd - bb\,cc}{2fg} + hh = yy - 2hy + hh$, dont la racine eft $\sqrt{\frac{bb\,dd - bb\,cc}{2fg} + hh} = y - h$ ou $h - y$; mais comme nous favons que la feconde racine $h - y$ eft la véritable, il faut changer les fignes de l'équation pour avoir $- h + y$ au lieu de $h - y$, il viendra après avoir dégagé y cette derniere équation

$h - \sqrt{\frac{bb\,dd - bb\,cc}{2\,fg}} + hh = y$, dont il n'eſt plus queſtion que de faire le calcul numérique, de la maniere ſuivante.

Il faut ſe rappeller que nous avons $b =$ 10 pieds ; $c =$ 8 pieds 10 pouces ; $d =$ 8 pieds 2 pouces , $f =$ 2 pieds 8 pouces ; $g =$ 6 pieds 6 pouces ; $h =$ 9 pieds. Ainſi , $hh =$ 81 pieds & $2fg =$ 35 pieds ; ſuivant exactement ce qu'indiquent les termes de l'équation , l'on aura $bb =$ 100 , $cc =$ 78 , $dd =$ 66 pieds 8 pouces 4 lignes , ce qui donne pour la différence de ces deux derniers termes , 11 pieds 3 pouces 8 lignes , qui étant multipliés par 100 , & le produit diviſé par 35 , donnent $\frac{bb\,dd - bb\,cc}{2\,fg} =$ 32 pour le quotient , qui étant ſouſtrait de 81 , valeur de hh , la différence eſt 49 pieds , dont la racine quarrée eſt 7 pieds , laquelle étant ſouſtraite de 9 , valeur de h , la différence ſera 2 pieds pour celle d'y. Ce qui montre qu'il faut que le ventail L ſoit élevé de deux pieds pour que l'action de l'eau contre le grand côté ſoit en équilibre avec celle qui agit ſur le petit.

Il ſuit que ſi l'on éleve le ventail L au-deſſus de la hauteur de 2 pieds , comme de 28 ou 30 pouces ; la pouſſée de l'eau ſur le petit côté , deviendra ſupérieure à celle qui agira ſur le grand , & la porte ſe maintiendra fermée ſans le ſecours du valet ; alors les deux poteaux battans s'appuyeront fortement chacun contre ſa feuillure. Or comme il y a des cas où il convient que cela ſoit ainſi , l'on voit la néceſſité de menager aſſez d'intervalle entre les moiſes d'en bas & l'entretoiſe qui eſt au-deſſus , afin que la largeur du guichet étant déterminée , ſa hauteur ſoit capable de fournir paſſage à une aſſez grande quantité d'eau pour produire l'effet précédent.

Je me ſuis fait un plaiſir de rapporter ces différens exemples , pour montrer la préciſion avec laquelle on peut traiter les choſes qui ſont du reſſort de la mécanique , lorſqu'on y applique les principes convenables , & en même tems pour inſpirer aux jeunes gens le deſir de ſe rendre ces mêmes principes familiers.

466. Pour regler la largeur des guichets relativement à celle des portes tournantes , entre les poteaux battans , il faut faire l'une égale à la ſixieme partie de l'autre ; c'eſt-à-dire qu'une porte de 18 pieds de largeur entre ſes poteaux , aura ſes guichets de 3 , & pour hauteur l'intervalle qui ſe trouve entre les deux entretoiſes correſpondantes. Alors le bras de levier du centre de force du guichet du grand côté , ſera les $\frac{1}{4}$ de la largeur du même côté.

Je ne détermine point l'élevation qu'il faut donner aux portes

La largeur des guichets d'une porte tournante doit être la ſixieme partie de celle de toute la porte.

Planch. XXXIII. Fig. 8.

tournantes isolées, parce qu'elle est assujettie à la plus grande hauteur de l'eau qu'elles auront à soutenir, qui étant connue il faudra y ajouter 2 ou 3 pieds pour soutenir l'agitation de la surface.

La mécanique du valet d'une porte tournante se réduit à celle d'un levier du second genre.

467. Pour expliquer la mécanique du valet des portes tournantes, il faut le regarder comme un levier du second genre, ayant son point d'appui dans l'axe de l'arbre A B, la puissance appliquée à l'extrêmité C, & le poids ou l'effort qu'elle soutient, dans la verticale I L, que je suppose répondre vers la moitié de la largeur du poteau battant ; ainsi le bras de levier du poids sera exprimé par la perpendiculaire H I, partant de l'axe A B, & celui de la puissance, par l'autre perpendiculaire H C, selon l'article 59 de la premiere partie de cet ouvrage. Le poids sera donc à la puissance, comme H C est à H I, ou comme 13 est à 1 ; parce qu'ici la perpendiculaire HC est de 6 pieds 6 pouces, & l'autre H I, de 6 pouces seulement ; ce qui montre que la puissance n'est que la treizieme partie de la poussée de l'eau que soutient l'arbre du valet.

PLANC. XXXIII, Fig. 5, & 8.

Pour savoir quelle est cette poussée, il est certain qu'elle ne peut être que la moitié de celle qui naît de la différence des deux côtés X Y & Y Z, puisque réunie au centre de force Q, milieu de la largeur X Y, elle a pour point d'appui l'arbre tournant d'une part, & celui du valet de l'autre.

Le rapport des deux côtés de la porte devant être celui de 53 à 49 pour que l'action de l'eau sur le grand côté soit d'un sixieme supérieure à celle qui agit sur le petit, (464) il suit que le premier sera plus chargé que le second d'environ la douzieme partie de la charge que soutiendra ce dernier, ou des $\frac{1}{11}$ de la poussée totale, dont la moitié est $\frac{1}{11}$ pour la charge du valet, ainsi la treizieme partie de cette quantité exprimera la puissance appliquée au crochet C.

Prenant toujours pour exemple la porte tournante de Gravelines, qui est de 17 pieds de largeur, que je suppose encore soutenir 10 pieds de hauteur d'eau, dont la poussée est de 59500 livres, (378) la divisant par 51, le quotient donnera 1166 liv. pour la charge du valet, dont la treizieme partie sera à peu près 89 livres, pour l'expression de la puissance qui retient le même valet appliqué contre la porte.

Remarque sur les points d'appui d'une

468. Pour peu qu'on examine cette porte, on appercevra que les points d'appui de l'arbre tournant soutiennent presque toujours seuls tout le poids de la charge de l'eau, & qu'il n'y a

que

que lorfqu'un des deux guichets eft ouvert, que le poteau battant répondant à l'autre s'appuie contre fa feuillure ; mais quand ils font tous deux fermés, l'un & l'autre poteau ne peuvent être appuyés qu'autant que le valet contraint celui qui eft adjacent au petit côté, de fe coller contre fa feuillure. Alors la porte ayant deux points d'appui oppofés à la charge, l'arbre tournant fe trouve extrêmement foulagé, & ne tient lieu que d'un troifieme appui. C'eft à quoi il convient de faire attention pour le ménagement de la porte; mais au moment qu'on viendra à replier le valet, l'arbre tournant foutiendra feul toute la charge, qui ira à la vérité en décroiffant à mefure que la porte en tournant approchera d'être parallele aux bajoyers, fans qu'il arrive aucun changement au rapport de l'action de l'eau contre fes côtés $y\,z$ & $y\,x$, qui fe réduiront à n'avoir pour largeur refpective que $b\,z$ & $x\,a$, qui donneront toujours $y\,z, y\,x :: b\,z, x\,a$, à caufe des triangles femblables $y\,b\,z$ & $y\,a\,x$.

porte tour-
nante dans les
différens cas
où elle peut
fe trouver.

PLANC.
XXXIII.

SECTION IV.

Des portes tournantes enchaffées & des autres couplées.

469. DE toutes les éclufes exécutées pour approfondir les ports, il n'y en a point eu qui ait mieux rempli fa deftination que celle qu'on voyoit autrefois fur le canal de Bergues à Dunkerque, par le merveilleux effet des portes tournantes que le célebre M. Clement y avoit fait faire, ayant dans l'efpace de dix ans creufé quinze pieds le port & le chénal de plus qu'ils n'étoient auparavant. Fondé fur un exemple auffi frappant, il eft naturel de commencer par la defcription de ces fameufes portes qui étoient regardées comme le chef-d'œuvre de l'art. Si l'on n'en a pas fait ufage dans ces derniers tems aux endroits où elles auroient convenu, l'on a lieu de croire que c'eft la crainte de ne pas réuffir, ou qu'on s'eft peut-être laiffé prévenir par l'accident arrivé à une de celles de Mardick, fans entrer dans la caufe qui l'avoit occafionné. Car, comme ces portes demandent beaucoup d'exactitude pour être bien faites, elles ne font pas dans le cas des fimples venteaux, pour lefquels on peut s'en rapporter à l'habileté d'un maître Charpentier; au lieu que M. Clement s'en étoit fait une étude particuliere, entendant mieux que perfonne la méchanique de la charpente, fi digne

Difcours fur
les portes
tournantes en-
chaffées, prin-
cipalement fur
celles de l'e-
clufe de Ber-
gues.

Part. II. Tome I.   V v

d'occuper les gens du métier. Ceux qui font venus après lui n'ayant trouvé aucune inftruction fur les portes tournantes, & les deffeins qui s'en font confervés n'étant point venus à la connoiffance du plus grand nombre, il n'eft pas furprenant que plufieurs aient été retenus de s'en fervir, de crainte de commettre leur réputation. Delà vient que bien d'excellentes chofes tombent infenfiblement dans l'oubli, faute d'être écrites; au lieu que fi elles avoient été repréfentées fous les yeux de bons efprits, auxquels il ne faut qu'offrir des fujets de réflexion, ils les euffent encore perfectionnées. Comme c'eft le principal deffein de mon ouvrage, c'eft aux perfonnes de ce caractere que j'adreffe ce qui fuit.

Méthode de M. Clement pour déterminer la hauteur des portes tournantes enchaffées.

470. Nous avons dit, en plufieurs endroits de cet ouvrage, qu'aux éclufes où il y avoit double paire de portes, on donnoit à celles de flot trois pieds de hauteur de plus qu'à celles d'Ebes; d'où il fuit que les premieres doivent avoir une entretoife de plus qu'aux autres : tels font les venteaux que repréfente la troifieme Figure de la Planche XIV, dont celui qui répond à la mer a fept entretoifes, au lieu que l'autre côté du pays n'en a que fix. Or, comme c'eft toujours dans ces derniers que l'on pratique les portes tournantes, il faut, en fuivant la méthode de M. Clement, tracer une épure des mêmes venteaux, comme s'ils devoient être employés pleins, & agir en conféquence pour les dimenfions de la charpente felon la largeur de l'éclufe (375). Enfuite on fupprime vers le bas deux des entretoifes intermédiaires à celles du grand chaffis, afin d'en former un autre plus petit pour loger la porte tournante; ce qui s'entendra mieux en confidérant la premiere Figure, tirée d'un deffein de M. Clement, pour les nouvelles portes tournantes qu'il fit faire en 1705 à l'éclufe de Bergues, dont le fuccès a parfaitement répondu à ce qu'on devoit attendre d'un auffi habile homme.

PLANC. XXXIII, Fig. 1.

Dimenfions de la charpente des venteaux qui renfermoient les portes tournantes de l'éclufe de Bergues, tirées d'un deffein numéroté par M. Clement.

471. Comme cette éclufe avoit 26 pieds de largeur, l'on en donna 15 ½ à celle de chaque venteau, qui avoient leurs poteaux HG & IK de 14 fur 16 pouces d'équarriffage, de même que les entretoifes HI, GK, LM, formant d'une part le grand chaffis GHIK du venteau; & de l'autre le petit GLMK de la porte tournante ABCD, de 12 pieds 9 pouces de largeur, fur 9 pieds 4 pouces de hauteur. Ces entretoifes furent liées aux poteaux par des équerres de fer doubles & fimples appliquées fur les deux faces. Pour la feule entretoife moyenne NO, on ne lui donna que 12 fur 14 pouces, afin d'avoir égard à l'épaiffeur du

bordage P, terminé dans les feu.illures pratiquées aux entretoises
H I, L M. Les bracons Q ont été faits de 8 fur 10 pouces, plutôt
que de 6 fur 8, felon la regle de l'art. 375, parce qu'ils avoient
plus à fouffrir qu'aux venteaux ordinaires.

A l'égard de la porte tournante, il eſt aifé de concevoir par le
plan qui eſt au-deſſous, que fon chaſſis fe loge dans les feuillures
pratiquées en fens contraire fur la moitié de la longueur des entretoifes L M, G K, & le long des montans L G, M K, de maniere qu'étant fermée, elle foit emboîtée avec toute l'exactitude
qu'il eſt poſſible; ce qui demande beaucoup d'intelligence de la
part du maître Charpentier, principalement pour la poſition de
l'arbre tournant, dont la crapaudine F eſt encaſtrée dans l'entretoife d'en-bas, & fon collier E dans celle d'en-haut, ce qui fait
qu'on ne peut loger cette porte dans fon chaſſis que lorſqu'on
aſſemble toutes les pieces du venteau, ainſi c'eſt par elle qu'il
faut commencer pour y aſſujettir tout le reſte. Quant à fa conftruction, l'on voit qu'elle eſt aſſez femblable à celle que renferme
la huitieme Figure, avec cette différence qu'elle n'a point de
moifes en haut ni en bas, fa largeur ne comprenant que quatre
rangs d'entretoifes, dont les deux du milieu remplacent en quelque forte celles qu'on a fupprimées dans le grand chaſſis. Il y a
auſſi une différence dans la poſition des guichets ménagés dans
le milieu de la hauteur de cette porte, pour avoir plus d'aifance
à manœuvrer les ventails qui en facilitent le mouvement.

Planch.
xxxiii,
Fig. 1.

472. Comme un valet eût été ici fort embarraſſant, l'arbre
tournant a été placé exactement dans le milieu de la porte; par
conféquent le centre des deux guichets fe trouvoit à une égale
diſtance de l'axe. Pour la maintenir fermée, il fuffiſoit de laiſſer
levé le ventail V répondant à la moitié A F qui fe portoit en
avant, & d'entretenir baiſſée celle de l'autre X, juſqu'au moment où la mer étant retirée, on levoit celle-ci plus que ne l'étoit
la premiere: alors chaque porte tournante s'ouvroit, & l'eau de
la retenue rempliſſoit fa fonction. Lorſque la mer en remontant
avoit de nouveau rempli le canal à la hauteur qu'on le jugeoit
convenable, les éclufiers refermoient les portes tournantes, auſſi-
bien que celles d'en-bas, afin que ces dernieres en arrêtaſſent le
progrès; ce qu'elles faiſoient preſque d'elles-mêmes auſſi-tôt
qu'on les avoit forties des enclaves, pour que le flux les pouſsât
contre leurs heurtoirs.

*Explication
du jeu de cette
porte.*

473. Toutes les entretoifes étoient taillées de même que celles
que repréfente la neuvieme Figure, & liées à l'arbre tournant par

*Dimenſion
particuliere*

des rengraiffes, accompagnées de doubles platebandes de fer, ferrées avec boulons, attachées auffi aux poteaux battans par des étriers, comme nous l'avons expliqué en décrivant la Figure 8. Moyennant la liaifon de toutes ces ferrures, les pieces de charpente ont été réduites à une groffeur indifpenfable, pour rendre cette porte la moins matérielle qu'il a été poffible ; c'eft pourquoi l'on s'eft contenté de donner à fon arbre tournant 11 fur 13 pouces d'équarriffage, aux poteaux battans 8 fur 10, aux entretoifes R 11 fur 10 ; aux deux autres S 9 fur 8 ; aux bracons & potelets 6 fur 7 : le tout recouvert d'un bordage de deux pouces, calfaté, brayé & goudronné comme à l'ordinaire.

*Je crois être difpenfé d'entrer dans un plus grand détail, après ceux que renferme la feconde feƈtion, qui peuvent également s'appliquer ici. Cependant comme les portes tournantes qui ont été conftruites à l'éclufe de Mardick comprenoient plufieurs particularités d'un très-bon ufage, la Pl. XXXIV va nous fournir de nouveaux fujets d'inftruƈtion, qui répandront encore plus de connoiffance fur ce qui précede. C'eft auffi pour rendre intelligible tout ce qui appartient à l'une de ces portes, que j'en ai repréfenté féparément les deux faces. La premiere exprime celle qui regardoit la mer, & la feconde fon oppofée ; ainfi la lettre A eft relative au même guichet vu à l'entrée & à la fortie des eaux, ce qui doit s'entendre pareillement de l'autre défignée par B.

474. Nous avons dit, article 101, que l'éclufe de Mardick étoit divifée en deux paffages, l'un de 44 pieds de largeur, & l'autre de 26. Il eft bon d'obferver que la porte tournante dont il s'agit préfentement appartenoit au grand paffage, & que pour le petit l'on a employé celles de l'éclufe de Bergues, après fa démolition, parce qu'elles étoient prefque neuves ; c'eft pourquoi ce paffage a été déterminé de 26 pieds. Ainfi moyennant les portes repréfentées fur les Planc. XXI, XXIX, XXXIII & XXXIV, nous avons toutes celles qui regardoient cette fameufe éclufe, par conféquent de l'avance pour entendre le troifieme chapitre qui en comprend la defcription.

Après tout ce que j'ai dit de la méchanique des portes tournantes, il eft aïfé d'appercevoir que quand celles dont nous parlons étoient fermées, le ventail A étoit baiffé, & l'autre B élevé. Comme le guichet de chacune avoit un peu plus de 6 pieds quarrés d'ouverture, répondant à un bras de levier de 8 pieds, depuis le centre de force jufqu'à l'axe de l'arbre tournant placé dans le milieu, l'on fent combien l'aƈtion de l'eau douce avoit d'avantages fur un des côtés plutôt que fur l'autre, pour les contraindre tous deux de s'appliquer dans leurs feuillures. Pour les y maintenir encore contre tout accident, on avoit placé deux gros *loqueis* C sur le poteau battant adjacent à celui du tourillon, auquel étoit attaché leur *mentonnet* D. Voulant lever ces loquets, & laisser à la porte la liberté de s'ouvrir par le jeu des ventails, il y avoit au sommet du grand poteau un cric E, dont la crémaillere étoit liée à une bande de fer, ayant deux *talons* placés convenablement pour tenir lieu de *ponçoir*, que le cric faisoit monter & descendre à la volonté de l'éclusier, dont les manœuvres étoient facilitées par un petit pont F G, composé d'une grosse planche posée de chaque côté du venteau sur des corbeaux de fer. Il pouvoit d'ailleurs, en cas d'étourdissement, se retenir à une corde *c d* tendue le long du sommet de la porte; delà il descendoit commodément à la hauteur des autres crics H, à l'aide d'une échelle I K attachée aux entretoises L & M, parce que se retenant d'une main, il tournoit de l'autre la manivelle, levoit ou baissoit le ventail, sans rien craindre du mouvement subit de la porte tournante, laquelle restoit ouverte & en repos, quand l'eau de la retenue étoit évacuée. Il pouvoit encore, moyennant une autre échelle N O placée au-dessus de l'arbre tournant, descendre sur le sommet de la partie P Q de la porte dirigée vers le rivage, se rendre proche du même cric, & lever le ventail B, après avoir baissé l'autre A, pour que la mer, dans le tems du réflux, contribuât à refermer cette porte, dès que le canal se trouvoit suffisamment rempli, ainsi alternativement; ce qui étoit encore facilité par les cabestans & cables amarrés aux arganeaux R, dont on se servoit selon la nécessité.

475. Pour que ces portes étant ouvertes se maintinssent dans la direction où l'on vouloit qu'elles restassent, & se soutinssent contre la violence de l'eau qu'elles laissoient échapper, qui auroit pu d'abord les forcer de faire plus d'un quart de conversion, chacune de son côté étoit retenue par une chaîne S T S, liée à des anneaux S fortement attachés aux entretoises M K, V X. D'autre part on n'avoit rien négligé de ce qui pouvoit en assurer la solidité, aussi-bien que celle de leurs venteaux, couronnés par un chaperon *a b* de 46 pieds de longueur, faisant levier en contrepoids, chargé à son extrémité d'un gros canon de fer pour soutenir le collier, indépendamment des roulettes, de l'énorme pesanteur des venteaux, dont le chassis étoit soutenu par des doubles écharpes de fer *x y* (396) liées aux chaperons (que nous avons été obligés de tronquer ici, faute de place pour les exprimer

Suite de la même description, en égard à la maniere de borner le mouvement des portes tournantes.

Planc. XXXIV.

toutentiers; mais on en pourra juger en confidérant l'élevation d'un des bajoyers du petit paffage de l'éclufe de Mardick, compris fur la Planche XLIV, où l'on voit une des portes tournantes, tirée, comme je l'ai dit, de l'éclufe de Bergues, qui avoit auffi de pareils chaperons). Dans la premiere Figure ces écharpes embraffent l'entretoife de part & d'autre du tourillon de l'arbre tournant, comme il convient que cela foit; au lieu que dans la feconde c'eft par un mal entendu, fi elles ne font pas fituées de même. Au refte, pour ne rien laiffer à défirer fur ce qui compofoit ces portes, voici les dimenfions de leur charpente.

476. Les poteaux tourillons & bufqués avoient 16 fur 18 pouces d'équarriffage; les entretoifes M & I, 30 fur 22, leurs extrêmités réduites à 16 d'épaiffeur, pour affleurer celles des poteaux précédens, le feul milieu ayant 30 pouces pour loger les tourillons haut & bas de l'arbre tournant. La troifieme L n'en avoit que 16 fur 22, le chaperon *a b* 24 fur 30 au gros bout, fervant de contre-poids. A l'égard des bracons K répondant au grand chaffis, ils avoient 13 fur 16 pouces.

L'arbre *u z* de la porte tournante avoit 20 fur 23 pouces de groffeur, accolé en haut & en bas par des doubles moifes *g h, k l,* chacune de 21 fur 16 pouces de groffeur, réduite à 12 d'épaiffeur vers leurs extrêmités, dont la liaifon avec les poteaux battans *g m k,* qui avoient 14 fur 16 pouces, eft exprimée en grand par la Figure 2, où l'on remarque auffi les mortoifes *n* pour les potelets d'un guichet, la pofition du ventail *y,* la feuillure *t* du bordage, & la maniere dont cette porte eft emboîtée avec le poteau bufqué *e f.*

Les entretoifes *l* avoient 14 fur 12 pouces, les bracons *m* 10 fur 12, de même que les potelets *n,* & les couliffes *o* 4 fur 6 pouces; le tout recouvert d'un bordage de deux pouces & demi d'épaiffeur, calfaté de deux étoupes, brayé & goudronné avec le même foin que pour les vaiffeaux. L'affemblage des principales pieces de cette charpente étoit fortifié par des équerres, étriers & platebandes de fer attachées folidement des deux côtés. Toutes ces ferrures étoient d'une force proportionnée à la grandeur des venteaux, felon les articles 388, 389 & 390, auxquels je renvoie, de crainte de fatiguer par trop de détails. J'ajouterai feulement que pour bien juger de la maniere dont doit être taillé l'arbre tournant pour recevoir les moifes, ainfi que les tenons des entretoifes & bracons, il faut le confidérer repréfenté en grand & vu de deux fens différens fur la Pl. XXXVI, & examiner la relation qu'ont les lettres qui l'accompagnent, avec leurs semblables marquées sur la seconde Figure de la Planche XXXIV.

477. Malgré de si justes mesures de la part des Ingénieurs qui ont fait construire ces portes, pour les assurer contre tout accident, croiroit-on que par la faute d'un misérable éclusier qui étoit ivre, ils ont eu la mortification d'en voir briser une en leur présence, dans l'occasion du monde la plus désagréable? Il y avoit près de deux ans qu'elles manœuvroient de maniere à attirer la curiosité des étrangers, lorsqu'en 1716 M. le Maréchal d'Asfeld, qui venoit d'être fait Directeur général des Fortifications de France, se rendit à Dunkerque dans la premiere tournée qu'il fit en Flandres. Comme alors toute l'Europe étoit remplie de ce qui se publioit de merveilleux sur le canal & l'écluse de Mardick, le premier soin du nouveau Directeur fut d'aller en juger par lui-même. S'étant transporté au pied de l'écluse, accompagné des personnes les plus distinguées du pays, pour voir le jeu des portes tournantes, un des éclusiers qui avoit trop déjeûné, voulant faire mal à propos le bon valet, tourna avec tant de vîtesse la manivelle du cric répondant à un des ventails, que l'équilibre étant rompu trop subitement, une des portes s'ouvrit avec une si grande violence, qu'elle força tout ce qui en bornoit le chemin ordinaire, brisa son chassis, & fût entraînée par la précipitation de l'eau, avec tout le fracas qu'on peut s'imaginer : triste exemple, qui montre bien avec quelle sagesse ces sortes de portes doivent être manœuvrées. Cet accident, qui fit beaucoup de bruit, peut bien, comme je l'ai dit article 469, avoir un peu décrédité les portes tournantes ; mais fort injustement, puisque jamais ce malheur n'est arrivé à l'écluse de Bergues. Il est vrai qu'on pouvoit reprocher à celles de Mardick d'avoir été faites un peu trop larges, par conséquent de leur avoir donné trop de bras de levier, au lieu que les précédentes étoient mieux proportionnées. Car il n'y avoit point de nécessité de leur faire occuper le grand intervalle qui se trouvoit entre les poteaux ef, gh, que l'on peut rétrecir par deux montans d'appui, lorsque les venteaux ont autant de portée qu'ici ; ou bien loger dans le même intervalle des portes tournantes couplées, dont on sentira bien mieux l'effet après la description qu'en voici.

478. On jugera aisément de la méchanique de ces sortes de portes, en considérant le plan & les profils qui les représentent en grand sur la Pl. XXXV, où l'on remarquera que chacune d'elles exprimée par B C, peut tourner sur son arbre A, comme

Accident arrivé à une des portes tournantes de l'écluse de Mardick, par la faute d'un éclusier pris de vin.

Description des portes tournantes couplées.

Planc. XXXV, Fig. 2 & 3.

celles de Gravelines, avec cette différence qu'ici elles font deux pour fermer une feule voie dans le milieu de laquelle eft un poteau mobile D E, fervant d'appui au battant des deux grands côtés A B, d'une largeur double de celle des petits. On fera attention que ce poteau eft façonné comme le marque le plan D E de fa bafe, & qu'il eft formé (Fig. 3) de trois côtés, dont il y en a deux droits, le premier double du fecond, afin d'avoir une face affez large pour fervir d'appui aux portes, & que le petit au contraire eft plus étroit que l'intervalle qui eft entre elles, afin que le poteau venant à faire un quart de révolution, ceffe de les foutenir. Quant à la troifieme face, elle fait un angle mixte avec la premiere, pour ne point rencontrer les portes, quand elles viennent à fe trouver dans les circonftances fuivantes.

Lorfque la mer par fon flux a rempli le réfervoir, dont les eaux doivent fervir à curer le port, & qu'après avoir *étalé de haut* elles commencent à fe retirer, les portes viennent d'elles-mêmes s'appuyer contre le poteau D E, fans d'autres fujétions de la part de l'éclufier, que de le tourner dans la fituation où il eft marqué au plan & à l'élevation : alors les portes foutiennent la charge de l'eau jufqu'au moment où la mer étant baffe, on juge à propos de la lâcher, en forçant le poteau, à l'aide d'un levier, de faire un quart de converfion. Auffi-tôt les portes s'ouvrent, & leur grand côté fe dirige vers le rivage, comme on le voit marqué par la ponctuation *c b*, fans être tout-à-fait paralleles aux bajoyers, étant retenues par les bornes *d* jufqu'au tems du nouveau flux, lequel venant frapper ces mêmes portes beaucoup plus fur la partie faillante que fur celle qui eft en arriere, oblige les premieres de paffer du côté du pays, & de prendre une fituation toute oppofée à la précédente ; c'eft-à-dire que la partie qui étoit en avant prend la place de l'autre, & réciproquement, fans que le poteau y mette empêchement, parce que fon petit côté refte faifant face au rivage.

Lorfque le réfervoir eft plein & que le reflux commence, la mer ramene encore avec elle le grand côté des portes, parce qu'elles trouvent le même avantage en defcendant qu'en montant ; avec cette différence que l'éclufier ayant fait tourner le poteau, les portes font arrêtées comme en premier lieu, de même que l'eau retenue, pour produire enfuite l'effet de fa deftinatiou ; ainfi alternativement, en fuivant toujours l'action du flux & du reflux de la maniere du monde la plus fimple. Que fi l'on vouloit empêcher la mer de paffer dans le réfervoir, on voit

qu'il

qu'il fuffifoit de tourner du côté du rivage la grande face du poteau, pour foutenir les portes d'un fens contraire au précédent.

479. Cette maniere de porte a été fort heureufement imaginée
fur la fin du dernier fiecle par M. *Caftin*, alors Ingénieur en chef
des côtes de Normandie, dont les productions prouvent incon-
teftablement qu'il n'avoit point abufé du titre attribué à ceux de
fa profeffion. Cependant qu'il me foit permis d'obferver que l'arbre tournant de ces portes, placé aux deux tiers de leur largeur,
me paroît donner trop d'avantage au grand côté fur le petit,
l'action de l'eau contre les deux étant comme 4 eft à 1, felon
l'article 461; ce qui doit les faire échapper avec une violence
extraordinaire, par conféquent les fatiguer beaucoup, de même
que le poteau qui les foutient quand elles font fermées. Au lieu
que je crois pouvoir affurer qu'il fuffiroit que l'arbre tournant fût
feulement pofé aux *fept douziemes* de toute la largeur, qui fe trouvant divifée alors dans le rapport de 7 à 5, l'action de l'eau contre
les côtés fera comme 49 eft à 25, quarré de ces deux nombres,
dont le premier étant à peu près double du fecond, la mer aura
fur le grand côté tout l'avantage qu'il lui faut pour produire l'effet
que l'on demande : c'eft de quoi conviendront ceux qui auront
bien entendu l'article que je viens de citer.

480. On voit ici fur la même Planche le plan & le profil d'une
éclufe femblable à celle de Saint-Valery, où M. Caftin a fait
l'application de ces ingénieufes portes, de même qu'à Fecamp.
On obfervera que le terrein s'étant trouvé de bonne qualité, la
fondation du radier a été faite à peu près comme nous l'avons
enfeigné dans les articles 311, 312. Cette éclufe eft fuppofée à
deux paffages, pour donner moins de largeur aux portes, que
l'on voit repréfentées dans l'un, tandis que l'autre, qu'on fuppofe apperçu à vue d'oifeau, montre les moifes H I qui accolent le poteau du milieu & les deux arbres tournans. Ces moifes
font foutenues d'un chaffis K L M N, fortifié d'entretoifes & de
liens: le tout fuppofé recouvert d'un plancher fervant de plate-
forme, élevé fur les piles pour la manœuvre de l'éclufier, qui
peut paffer commodément de l'une à l'autre voie, le long du
pont de pierre à l'ufage du public, dont le profil repréfente une
des arches. Pour plus d'intelligence, j'ajouterai que vis à vis
chaque poteau D E il doit y avoir un trou O, ménagé extérieurement dans le parapet, pour recevoir le bout P d'une barre P Q
fervant de levier, enfilée dans la tête du poteau, afin de le fixer
dans la fituation où l'on veut qu'il refte quand les portes font

Les portes couplées font de l'invention de M. Caftin, qui étoit au-trefois Ingé-nieur des côtes de Normandie.

Ces portes p uvent être perfectionnées en donnant moins de lar-geur au grand côté.

Defcription d'une grande éclufe à portes couplées, fem-blable à celles de Saint-Va-lery.

Planc. XXXV. Fig. 1 & 2.

ouvertes ou fermées. Que si l'éclufe n'étoit pas traverfée par un pont de pierre, il y a une infinité d'autres moyens d'arrêter le même levier.

Projet de M.
le Maréchal de
Vaubàn pour
faire des éclu-
fes à portes
couplées, ré-
pondant aux
arches du pont
du Polet à
Dieppe, pour
en curer &
approfondir le
port.

481. Quelques années après le dernier bombardement de Dieppe, arrivé en 1694, M. le Maréchal de Vauban fit un grand mémoire fur ce qu'il y avoit à exécuter pour mettre cette place à l'abri de fe voir encore incendiée, ainfi qu'elle venoit de l'être. Comme fon port fe combloit, faute d'être fuffifamment curé par des éclufes de chaffe, le deffein de ce grand homme étoit d'alonger les piles qui foutiennent le pont du Polet, fous lequel paffe la riviere d'*Arque,* pour faire vis-à-vis des arches une fuite de portes dans le goût de celles que comprend le plan ci-deffus, qu'on peut regarder comme renfermant deux arches de ce pont marqué par la fixieme Figure, avec les deux batardeaux qu'on devoit faire fucceffivement pour chaque moitié de l'ouvrage. Quoique ce projet n'ait pas eu lieu, j'ai cru n'en devoir pas moins faire mention, pour montrer l'application des portes couplées, dans un cas pareil à celui de Dieppe.

PLANC.
XXXV,
Fig. 1, 2
& 6.

Les portes
couplées peu-
vent être ap-
propriées dans
les venteaux
des grandes
éclufes, pour
y remplir la
même fin que
les tournantes
enchaffées.

482. Après ce que je viens de dire de ces fortes de portes, fi l'on revient à la Planche XXXIV, on verra qu'avec un peu d'induftrie il n'eft pas difficile de les fubftituer à la place des tour-nantes enchaffées, comme je l'ai fait en m'amufant. Le feul point qui m'a d'abord embarraffé, étoit que l'éclufier pût tour-ner commodément le poteau du milieu. Il m'eft venu en penfée plufieurs moyens, un entre autres que j'aurois volontiers rap-porté ici; mais j'en ai été privé, faute de place pour loger la Fi-gure, parce qu'alors toutes mes Planches étoient gravées & nu-mérotées : c'eft pourquoi j'ai pris le parti de laiffer aux gens du métier le plaifir de s'en occuper.

CHAPITRE II.

Comprenant la description du nouveau canal de Gravelines,
& de son écluse.

483. L'Exécution d'un canal pour porter à la mer les eaux de la riviere d'Aa, ayant été ordonnée par le Roi en 1737, en creusant celui que les Espagnols avoient entamé autrefois, & l'écluse pour l'entretenir en bon état étant fixée au bord de la contrescarpe de la place à l'endroit A, comme on l'a vu article 443, on commença d'abord par déterminer l'alignement de ce canal, en faisant une tranchée partant du point qui devoit être le milieu de la nouvelle écluse, de-là allant traverser le radier de l'ancienne des Espagnols, éloignée d'environ 900 toises de la précédente; ensuite elle fut prolongée de la même longueur par des piquets jusqu'à la laisse de basse mer, où devoient se terminer les jettées de fascinage. Ainsi la longueur du canal sur une même ligne droite se trouva d'environ 1800 toises, sans y comprendre le retour de 340 toises que devoit faire le même canal creusé dans l'ancien lit de la riviere, pour aller gagner le bord du radier de l'écluse à porte tournante, qui se rencontra, par les sondes & les nivellemens que l'on fit, de 7 pieds supérieur à celui de l'écluse des Espagnols, établie au niveau de la laisse de basse mer : circonstances qui ont servi à déterminer la profondeur du canal & la pente de son lit.

Cette ligne ainsi tracée, on éleva sur son extrêmité répondant au bord de la plus basse mer, deux perpendiculaires chacune de 20 toises, l'une à droite & l'autre à gauche, faisant ensemble 40 toises pour la largeur du chenal à son embouchure; après quoi l'on fit la même opération à l'endroit du coude où il devoit se joindre à la riviere d'Aa, avec cette différence que chaque perpendiculaire n'eut que 15 toises, afin que la largeur du canal se trouvât de 30, réduite à 22 pour la riviere, depuis sa jonction avec le canal jusqu'au pied de l'ancienne écluse B. Ensuite on mena par les points qu'on venoit de déterminer, des lignes qui marquerent l'ouverture extérieure du canal & du *chenal*; nom que l'on donne à la partie comprise entre les laisses de haute & de basse mer de vives eaux ordinaires.

Maniere dont le canal de Gravelines a été tracé depuis la nouvelle écluse jusqu'à la laisse de basse mer.

PLANC.
XXXVII.

X x ij

Auffi-tôt après l'ouvrage fut diftribué par attelier aux troupes qui étoient venues camper fous Gravelines, auxquelles on faifoit obferver de s'enfoncer par banquettes d'un pied de hauteur fur deux de largeur, en fuivant les bords intérieurs du canal, & toujours fucceflivement de même jufqu'à la profondeur de fon plafond, qui fut déterminée moyennement de 18 pieds vis à-vis le fort Philippe, afin d'atteindre le radier de l'éclufe des Efpagnols, qui étoit, comme je l'ai dit, de niveau avec la laiffe de baffe mer, pour delà remonter en pente douce jufqu'à celui de l'éclufe B. Toutes ces banquettes furent enfuite recoupées pour former un talud dont la bafe fe trouvât double de la hauteur, tel qu'il convient aux terres fablonneufes ; ainfi le canal eut 35 toifes de largeur moyenne par le haut, & 23 dans le fond. Mais auparavant d'en venir là l'on avoit tracé extérieurement, à trois toifes de diftance de fes bords, des parallèles pour former des bermes qui devoient fe trouver élevées de 4 pieds au-deffus des vives eaux, quand le canal feroit achevé.

Méthode pour creufer les canaux, afin de déterminer le talud de leur bord.

484. Après ces bermes on fit encore des banquettes de deux toifes de largeur, y compris leur talud, pour répondre à un parapet de 4 pieds & ½ de hauteur, comme à l'ordinaire, & d'environ 4 toifes d'épaiffeur, ayant extérieurement un talud égal à fa hauteur. L'objet de ce parapet a été de marcher à couvert le long du canal, depuis la ville jufqu'à la hauteur du fort Philippe, felon le devis, duquel j'ai extrait ce que je viens de rapporter.

Quant au chénal, il ne fut creufé que jufqu'à un certain terme, parce que la nouvelle éclufe devoit fucceffivement l'approfondir, après avoir fait des jettées de fafcinage, pour contenir le courant de l'eau dans la même direction. C'eft à quoi je ne m'arrête pas préfentement, non plus qu'à plufieurs autres chofes qui appartiennent à la conftruction de ces fortes de canaux, parce que je me fuis étendu fur ce fujet dans le chapitre fuivant. Ainfi je vais paffer à la defcription de fon éclufe, fans faire mention de la main d'œuvre, dont on jugera aifément après tout ce que j'en ai dit, pour éviter des répétitions dont la lecture deviendroit d'un ennui infupportable. J'en uferai de même pour toutes les autres éclufes qu'il me refte à expliquer, afin de ne m'arrêter plus qu'à leurs principales propriétés.

Defcription de la nouvelle éclufe du canal de Gravelines.

485. Si l'on confidere avec un peu d'attention les plans & profils de cette éclufe fur les Planches XXXVI & XXXVII, on verra qu'elle eft divifée en deux voies, chacune pareille à H D E I, feule bien diftinguée fur une moitié du plan où elle eft apperçue à

vue d'oifeau, & féparée par la ligne A D de l'autre, qui marque cette derniere à la pénultieme grille de la fondation, avec les maîtreffes pieces répondant aux bufes & aux feuils.

Il eft à remarquer que chacune de ces voies n'ayant que 13 pieds de largeur, pour rendre plus facile la manœuvre des vannes V & des portes de flot X, on a pratiqué dans l'épaiffeur de chaque bajoyer un aqueduc ou pertuis de 6 pieds de largeur, fur 7 de hauteur fous clef de voute, marqué par la ponctuation N O P Q; & un troifieme dans le milieu de la pile, dont il ne paroît ici que la moitié G H I K, non plus que de l'aqueduc G L M K : chacun d'eux fermé par deux vannes S.

Par cette judicieufe économie, M. *de la Font* a trouvé le moyen de faire échapper les eaux de la retenue fur une largeur enfemble de 44 pieds, fans avoir les incommodités inféparables des grandes éclufes; auffi a-t-il eu la fatisfaction de voir réuffir la fienne avec un applaudiffement unanime, le chénal s'étant approfondi en très-peu de tems beaucoup au-delà de ce qu'on avoit jamais vu faire à aucune éclufe de chaffe, malgré la diftance de 1800 toifes où elle fe trouve de la laiffe de baffe mer, ce qui affure pour toujours le libre écoulement de la riviere d'Aa, par conféquent le pays depuis Gravelines jufqu'à S. Omer, contre les inondations qui en caufoient la ruine depuis fi long-tems.

486. Pour manœuvrer les vannes V, auffi bien que les portes X, il y a fix cabeftans T dans le goût de celui de Mardick (423), placés fur les bajoyers & fur la pile. Il eft aifé de concevoir l'ufage de ceux qui appartiennent aux vannes V, en examinant les profils; on y verra que les cables, dont les premiers brins font attachés en *b*, fe replient fur les poulies mouflées *a c* : de-là ils paffent fous celles de retour *d*, & vont aboutir aux cabeftans de droite & de gauche, que l'on fait jouer enfemble, pour mouvoir les vannes d'une maniere bien plus commode qu'on ne le fait ordinairement avec les roues.

Par quelle méchanique on leve & l'on baiffe les grandes & les petites vannes de cette éclufe.

A l'égard des autres petites vannes S pour la fermeture des pertuis, on jugera de la maniere dont elles fe levent, dès qu'on fera prévenu qu'à l'endroit de chacune il y a un chaffis *g n h n*, dont la femelle *g* a fes extrêmités enclavées dans la maçonnerie, de même que la moitié de la hauteur de fes montans *n*, formant chacun une potence dont le chapeau *l m* fert à foutenir de part & d'autre les extrêmités d'une double moife *h*, embraffant le collet d'une vis Z, qui a fon écrou percé dans le milieu d'une lambourde *f*, contre laquelle eft attaché le fommet de la

PLANC.
XXXVI &
XXXVII.

vanne, tandis que d'autre part cette vis s'appuie sur le palier qu'on lui a ménagé dans la femelle *g* qu'elle n'abandonne jamais ; d'où il fuit que quand on fait tourner la tête *i* de cette vis, l'écrou monte, & par conféquant la vanne S, que l'on baiffe en agiffant d'un fens contraire. Manœuvre aifée à entendre, de même que ce qui précede, en confidérant les plans & profils, au moyen de la relation qu'ont entre elles les pieces défignées par les mêmes lettres alphabétiques.

Mefure des principales parties de la même éclufe, avec la defcription de fa fondation.

487. La largeur de la fondation de cette éclufe jufqu'à l'extrêmité des contreforts, eft de 18 toifes fur 15 de longueur entre les bords du radier. La pile a 20 pieds d'épaiffeur, afin qu'en ayant retranché 6 pour le pertuis, il refte affez de folidité à fes piédroits ; ce qui a été également obfervé pour les pertuis des bajoyers, dont l'épaiffeur eft de 18 pieds fur 16 de hauteur.

A l'égard de la fondation, les profils montrent qu'après que les pilots furent plantés & récepés au niveau du fond, excepté ceux qui devoient porter les maîtreffes pieces & les ventrieres des palplanches, on a élevé un maffif de maçonnerie de trois pieds d'épaiffeur pour la partie inférieure du radier, & de quatre pour la fupérieure fervant d'eftrade, fur laquelle a été pofé une grille de traverfines, enfuite le premier plancher, enclavé par une feconde grille pareille à la précédente ; delà une troifieme de longrines, & fur celle-ci une quatrieme de traverfines, fur laquelle ont été cloués le plancher du radier & fon recouvrement. Après quoi l'on a érigé la pile & les bajoyers, de même que les quais de maçonnerie qui en forment les ailes, de 35 toifes de longueur du côté de la mer, & de 16 à 18 vers la place, jufqu'à la rencontre des batardeaux répondant aux foffés des deux contregardes collatérales : le tout conftruit, de même que les faux radiers, avec une attention digne de la conféquence de l'ouvrage & de la capacité de ceux qui en ont eu la conduite.

Avantage de cette éclufe pour curer & approfonir le canal.

488. Quand on confidere l'immenfe quantité d'eau que contiennent enfemble les foffés & les avant-foffés dont Gravelines eft entourée, avec celle que fournit la riviere d'Aa, toute pouvant venir fucceffivement fe rendre au même terme A, on conviendra que jamais éclufe de chaffe n'a eu un réfervoir plus abondant pour l'entretien d'un chenal ; indépendamment de l'avantage qu'elle peut procurer à la défenfe de la place, de vuider & de remplir les mêmes foffés deux fois en 24 heures, par l'eau de la mer ou de la riviere d'Aa, en telle quantité que l'on veut, & de la faire circuler avec un art qui a été porté plus loin à cette place

que par-tout ailleurs. On en va juger encore mieux par l'explication de quelques-unes de ses autres éclufes, dont il fera aifé de tirer des applications felon les cas qui peuvent fe préfenter.

489. Nous avons dit, article 445, qu'il y avoit une éclufe F fur un canal GHLI, faifant partie de celui de Bourbourg, communiquant avec la riviere d'Aa, pour fervir de décharge quand les eaux du pays étoient fort abondantes, ou lorfque, pour quelques réparations, fon paffage ordinaire étoit interrompu. J'ajouterai qu'il y a encore deux autres éclufes L & M à portée de là, dont la premiere fert à rafraîchir l'avant-foffé, & la feconde celui de la place, lorfqu'ils ont été mis à fec dans le tems de la baffe mer, par les éclufes de chaffe & de fuite placées en C (que nous ne tarderons point d'expliquer), ou par la nouvelle A. Je ne m'arrêterai point à décrire les précédentes F & L, qui ne comprennent rien de particulier; mais je vais m'arrêter un moment fur celle qui eft en D, que l'on nomme *provifionnelle*, dont les développemens font rapportés fur la Planche XXXVIII d'une maniere fi fenfible, qu'il ne faut qu'un coup d'œil pour en juger.

Ufage de quelques éclufes à portée de l'ouvrage à cornes, pour rafraîchir le foffé de la place.

490. Cette éclufe eft fituée, comme on le voit fur le plan de la place, dans le chemin couvert vis-à-vis l'angle flanqué du baftion du Roi, proche la branche gauche de l'ouvrage à cornes. Sa largeur eft de 14 pieds, fermée par trois vannes, dont chacune a fon treuil particulier que l'on fait tourner à l'aide de leviers. Ces vannes font féparées par des poteaux à couliffes, comme le montrent le plan & les profils, que je ne m'arrête point à expliquer, puifqu'il fuffit, pour les bien entendre, d'examiner le rapport qu'ont enfemble les pieces de charpente défignées par les mêmes lettres, qui font fentir la maniere dont elles font affemblées entre elles, & enclavées dans le maffif de la fondation, pour en affurer la folidité, fur un terrein qui s'eft trouvé affez bon pour n'avoir pas befoin d'être piloté, tel que celui que nous avons fuppofé article 312 : ce que les deffeins préfentent d'une maniere plus inftructive que ce que je pourrois dire, étant à préfumer qu'après tout ce qui a été enfeigné dans le premier livre fur la conftruction des éclufes en général, le lecteur n'a plus befoin que de leur fimple repréfentation, & que la bonté de fon jugement fuppléera au refte.

Defcription de l'éclufe provifionnelle de Gravelines.

PLANC. XXXVIII.

491. Les Figures 4, 5 & 6 de la même Planche comprennent le profil & l'élevation d'une petite éclufe pratiquée dans un des batardeaux qui étoit autrefois à Dunkerque, dont il ne devoit

Les Figures 4, 5 & 6 que l'on voit fur

la 38e Plan-
che, appar-
tiennent au
chapitre des
batardeaux
qui se font
dans les fossés
des places de
guerre.

pas être fait mention ici, ayant donné à la fin de ce volume un chapitre qui roule uniquement sur les batardeaux de maçonnerie & leurs petites écluses, que cette Planche devoit accompagner pour se trouver au rang de celles de son espece. Mais ayant pensé qu'il valoit mieux rapporter de suite ce que j'avois à dire sur le jeu des eaux de Gravelines, que d'en séparer ce qui le facilite, cette considération l'a emporté ; c'est pourquoi je me réserve de revenir aux mêmes Figures, & je vais passer à l'explication de la

PLANC.
XXXIX.

Planche XXXIX, comprenant ce qui appartient aux écluses de chasse & de fuite marquées C sur le petit plan de Gravelines, dont nous avons rapporté en grand le front du corps de la place répondant aux mêmes écluses, afin d'en mieux donner l'intelligence. Pour se bien orienter, il est bon de remarquer que le rempart NO représente une partie de celui de la branche droite de l'ouvrage à cornes, où se trouve l'écluse F dont nous avons fait mention ci devant, & que près de là est un batardeau de maçonnerie K, avec une petite écluse servant à vuider les eaux du fossé du même ouvrage, que l'on remplit à l'aide d'une autre pratiquée de même à la branche gauche, immédiatement à l'entrée des eaux du canal de décharge H F I.

Description
des anciennes
écluses de
chasse & de
fuite qu'on
voit à Grave-
lines.

492. Tandis que Gravelines essuyoit le mauvais air que causoit ce défaut de l'écoulement des eaux, on a eu recours à plusieurs expédiens pour corriger un mal qui venoit principalement des fossés de la place. Celui duquel on a cru pouvoir le plus espérer, a été de construire deux écluses A & B dans le chemin couvert, à droite & à gauche de la place d'armes C, nommée *de la Ga-line*, vis-à-vis le milieu de la courtine, entre le bastion du château & celui du moulin rouge. Ces écluses sont séparées par un batardeau de maçonnerie D traversant la largeur du fossé. Comme elles sont entierement semblables, le plan & le profil que l'on voit ici peuvent leur convenir également, ayant chacune 8 pieds de largeur, & deux paires de portes busquées ; l'une pour soutenir l'eau de la riviere, quand elle vient à gonfler par le flux de la mer ; & l'autre celle du fossé, pour lui laisser, dans le tems du reflux, la liberté de s'écouler tantôt par une écluse & tantôt par l'autre, ou par toutes les deux ensemble, selon le besoin.

Comme le chemin couvert de cette partie de la place se trouve composé d'un parapet revêtu de maçonnerie en forme de rempart, l'on a fait une arcade E sur chaque passage pour servir de pont, couvert d'un mur crénelé, où l'on arrive en passant sur

la

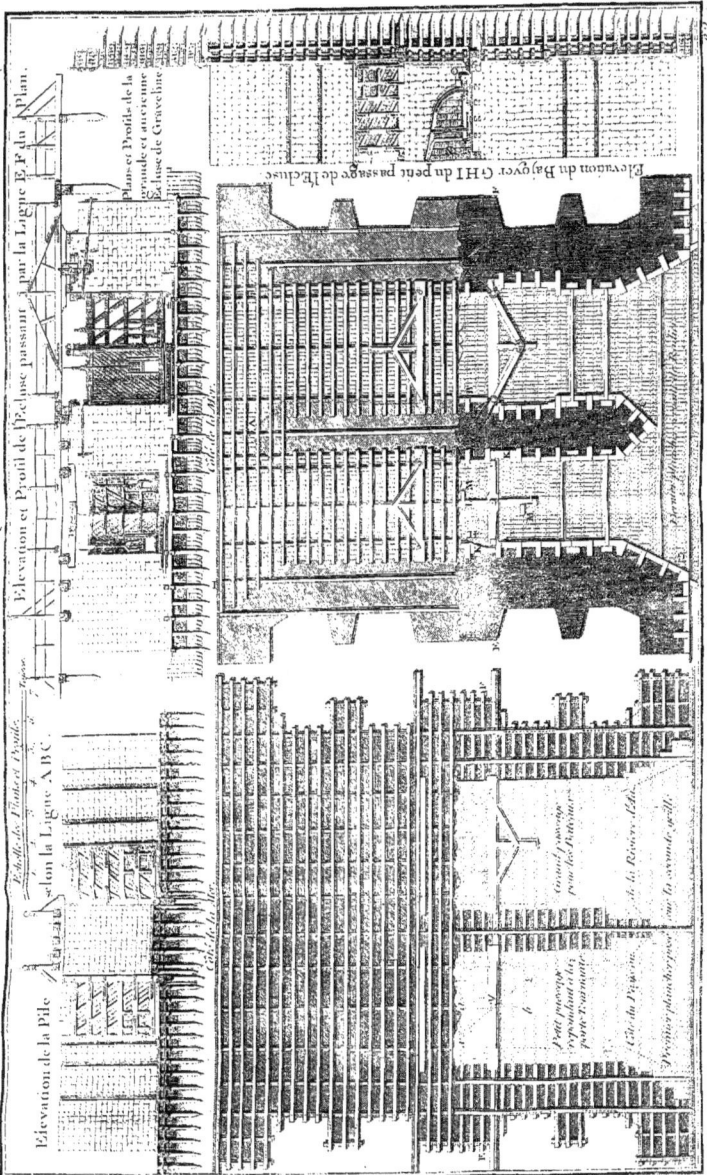

Elevation de la Pile

Echelle des Toises et Pieds.

Coupe selon la Ligne A B C

Elevation et Profil de l'Ecluse passant par la Ligne E F du Plan.

Plans et Profils de la grande et ancienne Ecluse de Graveline.

Elevation du Bajoyer G H I du petit passage de l'Ecluse.

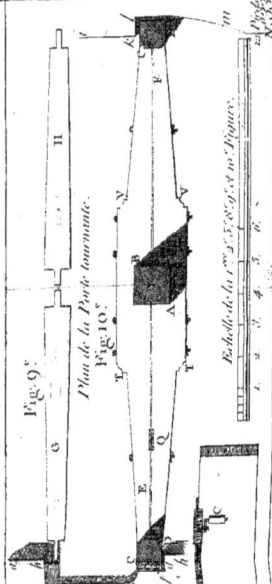

Dessin d'une porte tournante
des Eaux tirée de la grande

fermant seule le passage
Réduit de Gravelines.

Fig. 8.ᵉ

Fig. 9.ᵉ

Plan de la Porte tournante.
Fig. 10.ᵉ

Echelle de la 1.ᵉ 2.ᵉ 3.ᵉ 8.ᵉ 9.ᵉ et 10.ᵉ Figure.

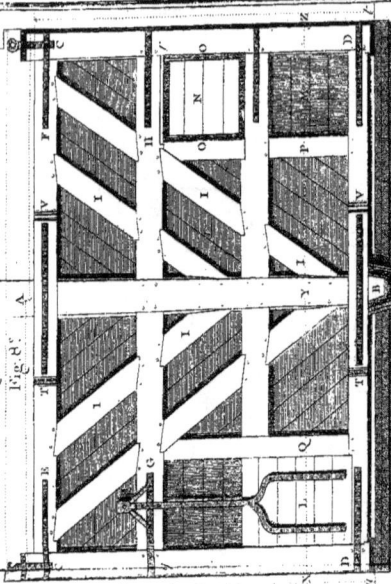

Figure 1.ʳᵉ
Dessin d'une porte tournante pratiquée dans le batant d'une au
avec l'antique avec de l'ancienne Réduit de Bergues à Dunkerque.

Fig. 4.ᵉ

Fig. 5.ᵉ

Filet pour les
Porte tournante

Fig. 6.ᵉ

Fig. 7.ᵉ

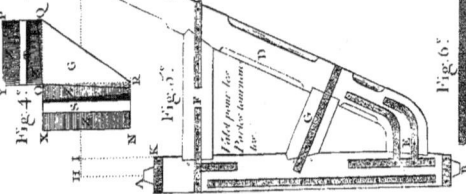

Plan des Porte (V descus.

Fig. 2.ᵉ

Poteaux batans d'une porte busquée.

Fig. 3.ᵉ

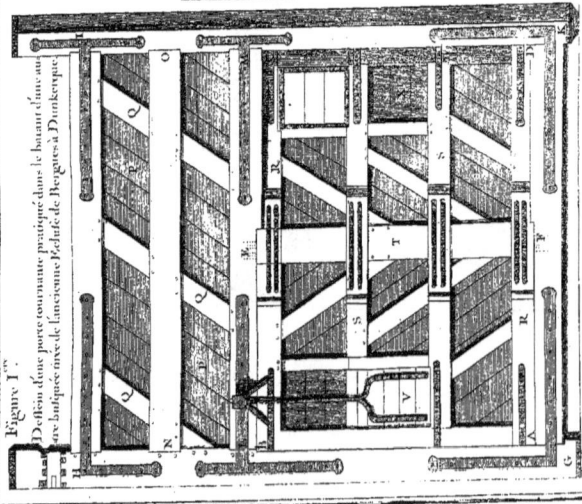

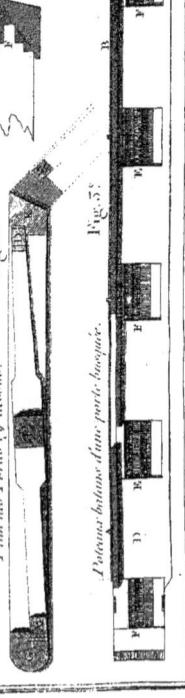

Élévation des Portes tournantes de l'ancienne Echlúé de Mardick avec leurs Agrèts.

Figure 1.ere

Échelle de la Charpente des Portes.

Fig. 2.^e

Plan de l'entretoise supérieure d'un des Batans des Portes.

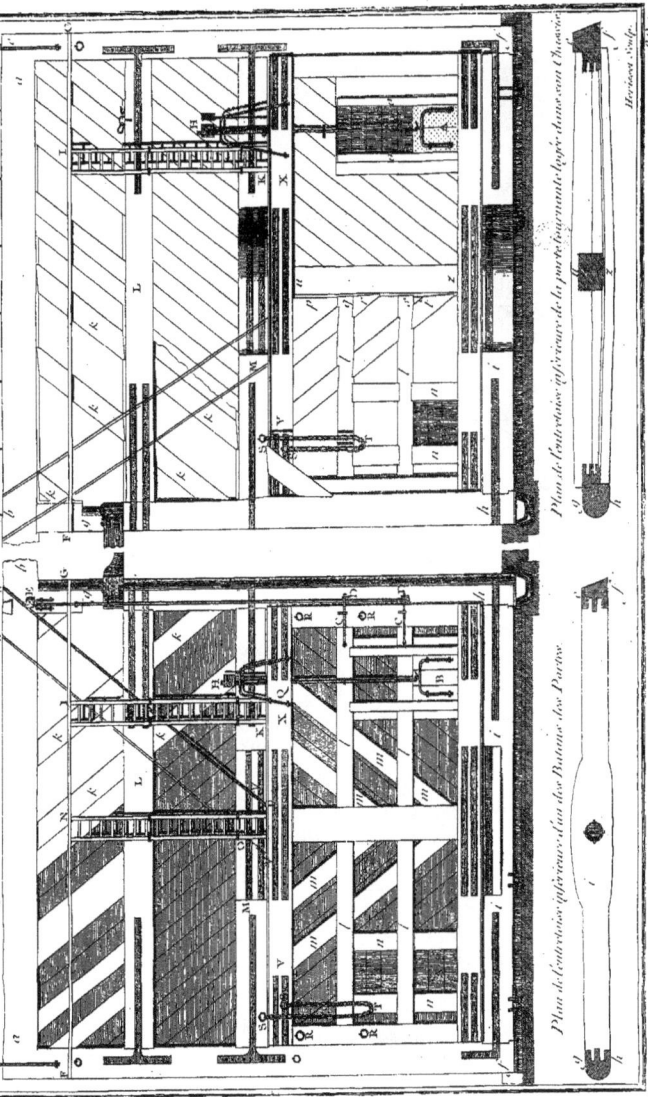

Plan de l'entretoise supérieure de la porte tournante logée dans son chassis.

Hérisset Sculp.

N.° 74.

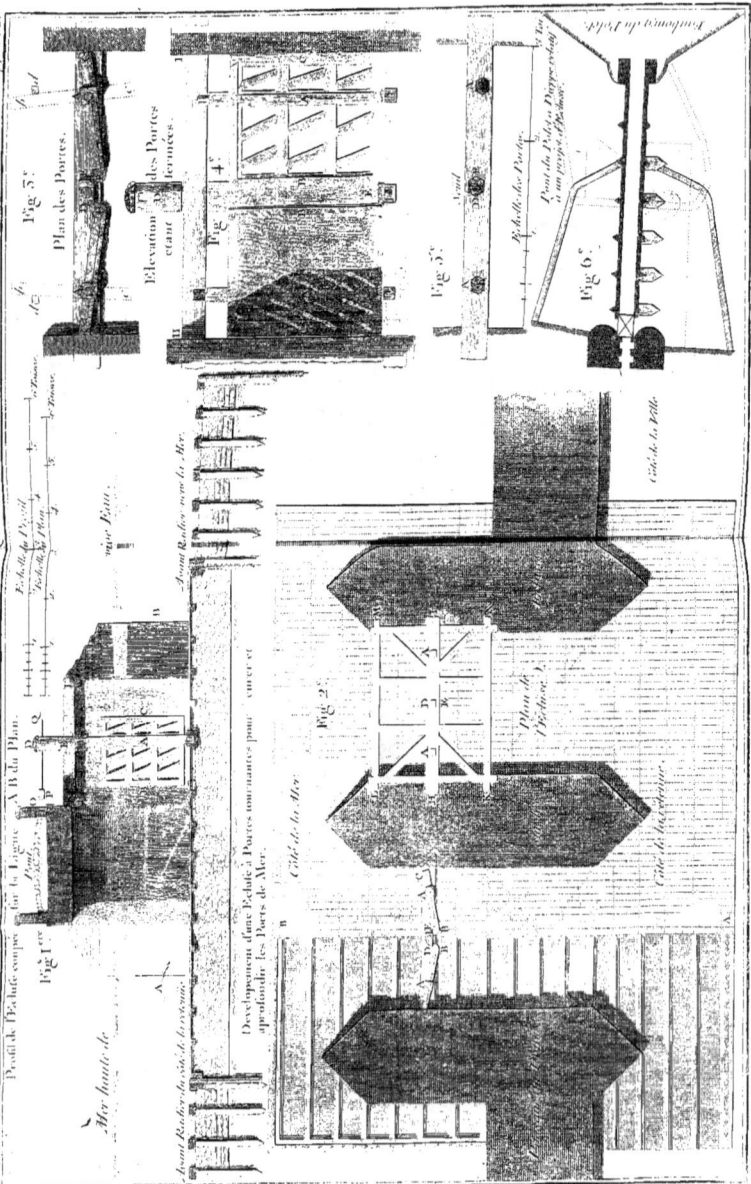

ARCHITECTURE HYDRAULIQUE. II PARTIE.

Tome Ier — Planche XXXVI. Page 375.

Fig 1ère. Profil de l'Ecluse coupée sur la Ligne A B du Plan.

Fig 2. Développement d'une Ecluse à Portes tournantes pour ouvrir et approfondir les Ports de Mer.

Fig 3e. Plan des Portes.

Fig 4e. Elevation des Portes étant fermées.

Fig 5e.

Fig 6e.

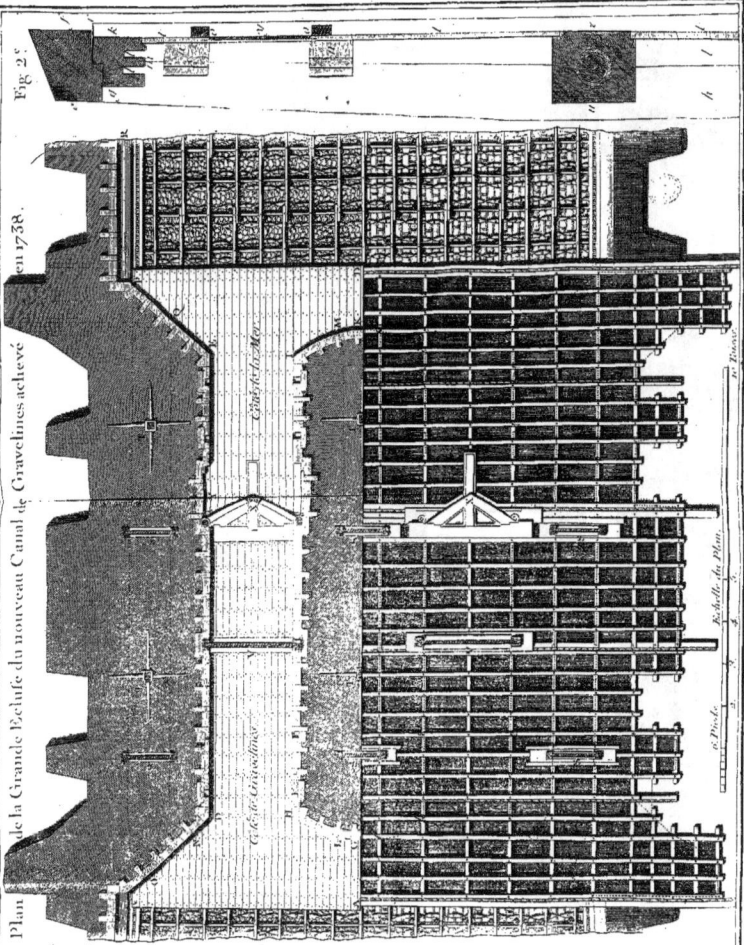

Plan de la Grande Ecluse du nouveau Canal de Gravelines achevé en 1738.

Représentation des deux faces de l'Arbre tournant des Portes de l'Ecluse de Mardick expri= mée sur la Planche 34.

Figure 1er.

Fig. 2e.

Chasse de Mer.

Chasse à l'intérieur.

Echelle du Plan.

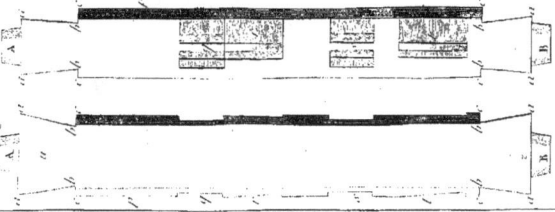

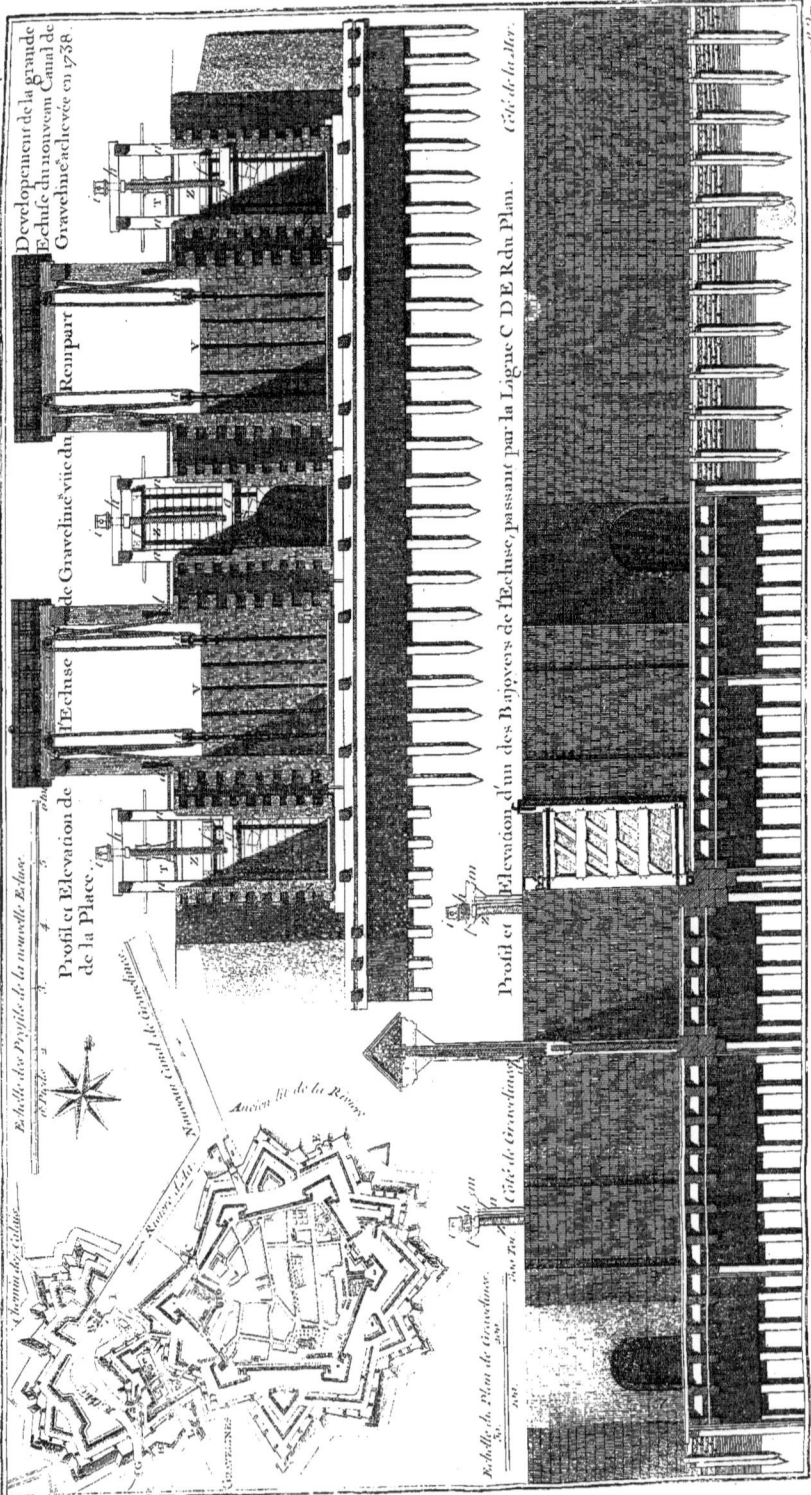

Developement de la grande
Ecluse du nouveau Canal de
Gravelineacheveé en 1738.

Profil et Elevation de l'Ecluse de Graveline vûe du Rempart.

Profil et Elevation de
de la Place.

Echelle des Profils de la nouvelle Ecluse.

Profil et Elevation d'un des Bajoyers de l'Ecluse passant par la Ligne C D E R du Plan.

Côté de la Mer.

Côté de Graveline.

Ancien lit de la Reveue.

Nouveau Canal de Graveline.

Chemin des Galets.

Echelle du Plan de Graveline.

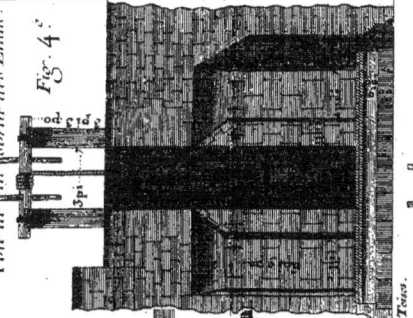

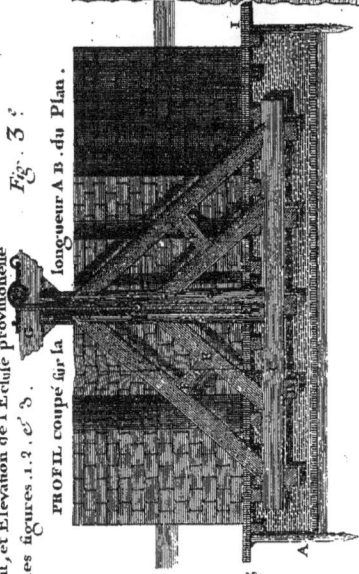

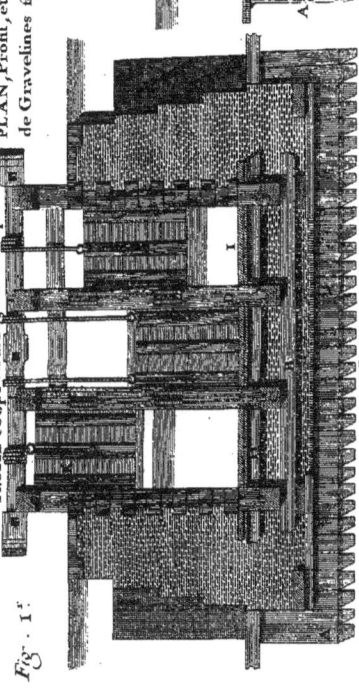

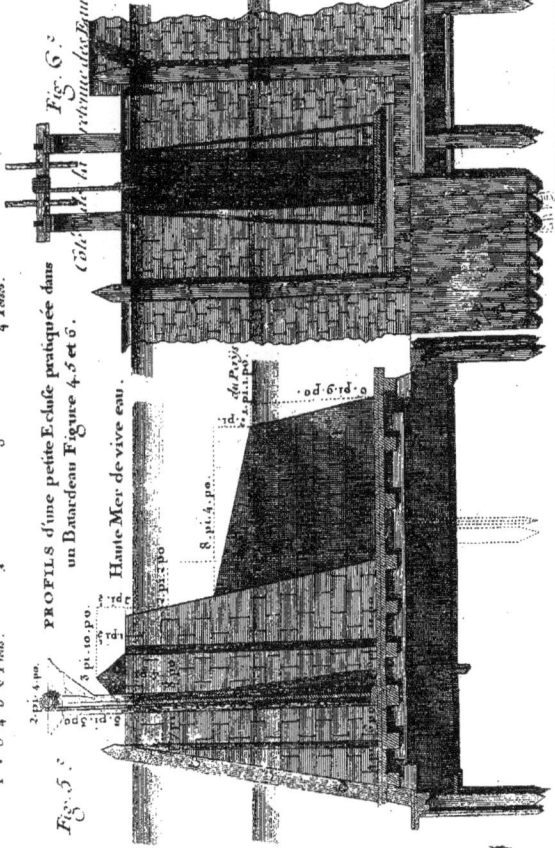

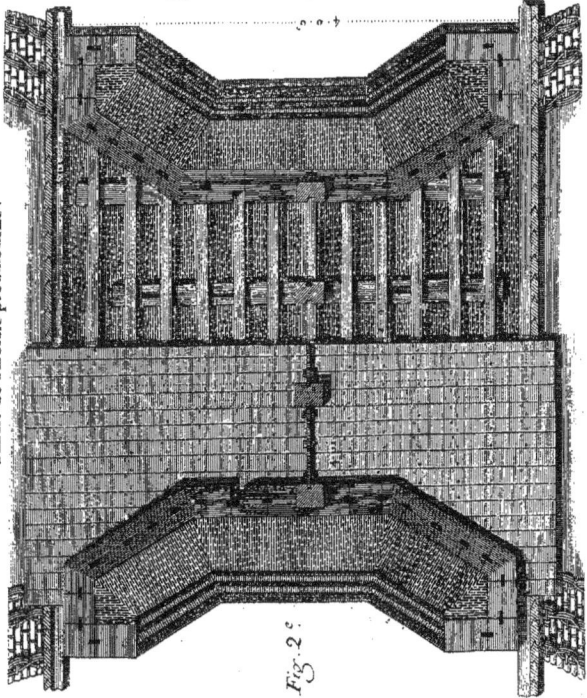

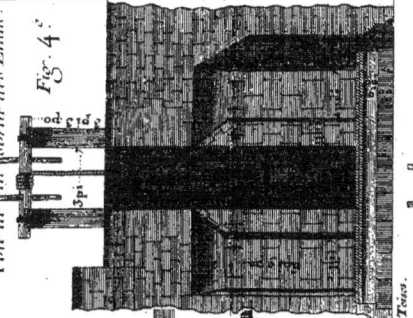

Fig. 4.

Côté de la sortie des Eaux.

15 pi. 06.

3 pi.

PLAN, Profil, et Elevation de l'Ecluse provisionelle de Gravelines figures. 1. 2. & 3.

Fig. 3.

PROFIL coupé sur la longueur A B. du Plan.

Fig. 6.

Côté de la rentrée des Eaux.

PROFIL coupé sur la Largeur C D du plan.

Fig. 1.

PLAN de l'Ecluse provisionelle.

Fig. 2.

Echelle des Figures 1, 2 & 3.

4 Toises.

PROFILS d'une petite Ecluse pratiquée dans un Batardeau Figure 4, 5 et 6.

Haute Mer de vive eau.

Fig. 5.

N° 38.

Plan et Profil d'une des Écluses de chasse et de fuite
répondantes au fossé de la Place de Gravelines

Parapet du
Chemin Couvert

Corps de la Place

Fossé de la Place

Porte du Château

R.D.Ya

Plan de l'Écluse
de Chasser de
fuite.

Echelle du Plan et du Profil.

5 Toises.

N.°39.

la plate-forme G H des bajoyers ; ainſi la communication n'eſt point interrompue.

493. Suppoſant, comme cela ſe trouve aujourd'hui, que la riviere ait une profondeur convenable à ſon libre écoulement, & que le fond du foſſé aille un peu en pente à meſure que partant de loin il approche des deux faces du batardeau D, il eſt viſible que fermant les éclufes B, F répondant au petit plan, & ouvrant les deux autres L, D déſignées ſur le même, pour faire paſſer les eaux de la riviere dans le foſſé de la place, elle y circulera tout autour, pour ne s'échapper, dans le tems de la baſſe mer, que par celle des deux éclufes A ou B que l'on voudra ; car ſi on laiſſe la premiere ouverte & la ſeconde fermée, l'eau ne pouvant dépaſſer le batardeau D, ſera contrainte de faire le tour de la place pour s'évacuer. Si au contraire on ferme la premiere A, & qu'on ouvre la ſeconde B, elle s'épanchera par cette derniere, & des deux manieres elle nettoiera par ſon cours le foſſé. Il eſt tout ſimple que la même circulation peut avoir lieu avec l'eau de la mer, en la laiſſant entrer dans le tems du flux par une des éclufes, & ſortir par l'autre avec le reflux, ainſi alternativement. C'eſt apparemment pour faciliter encore mieux le jeu des eaux du même foſſé, qu'on a fait une autre petite écluſe nommée *de la Renardiere*, placée dans le chemin couvert à l'endroit E.

Uſage des écluſes précédentes pour faire circuler l'eau autour d'une place.

Planc. xxxvii & xxxix

Ayant fait cette deſcription ſur le ſeul expoſé de ma mémoire, plus de vingt ans après avoir été à Gravelines, je ne voudrois pas répondre qu'elle fût exempte de quelque erreur de fait ; ce qui doit peu importer pour l'inſtruction du lecteur, auquel il ſuffit que les exemples qu'on lui donne ſoient naturellement poſſibles, ſans ſe mettre en peine ſi les manœuvres ſort tout-à-fait les mêmes ſur les lieux. Ce n'eſt pas que je n'euſſe pu ſavoir plus ſûrement à quoi m'en tenir ; mais je n'ai ſongé qu'à remplir mon objet, qui eſt ſeulement de fournir des idées de toutes les eſpeces ſur la direction des eaux, & non pas de donner des relations d'une exactitude ſcrupuleuſe de ce qui ſe paſſe dans les endroits que je cite.

CHAPITRE III.

*Comprenant la defcription du canal de Mardick & de fon
éclufe, fuivie d'un projet pour bonifier le port de Calais.*

ON a vu, articles 98 & 99, qu'auffi-tôt que la démolition
de Dunkerque fut entamée, M. le Blanc, alors Intendant
de la Flandre, fongea au moyen de faciliter l'écoulement des
eaux du pays par un autre endroit que par le port de cette place.
On crut d'abord pouvoir les conduire à la mer, en faifant un
canal qui fût aboutir fous Gravelines ; mais après avoir fait les
nivellemens convenables & bien examiné ce projet, on reconnut
que le travail feroit plus que décuple de celui que pourroit caufer
un autre canal pour la même fin, tiré depuis celui de Bergues
jufqu'à l'ancienne foffe de Mardick. Pour en bien juger, il fuffira
d'être prévenu qu'on favoit que la haute mer de vives eaux mon-
toit de 20 pieds au-deffus du radier de la grande éclufe du baffin
de Dunkerque, au lieu qu'elle ne s'élevoit que de 12 fur celui
de l'éclufe de Gravelines, conftruite par M. de Vauban, ce qui
fait 8 pieds de différence. Or comme le canal de Bergues eft le
plus profond de tous ceux du pays, il falloit, pour un libre écoulement, que celui qu'on vouloit faire eût au moins la même
profondeur ; ce qui ne fe pouvoit par Gravelines, fans des dé-
penfes immenfes, dans le mauvais état où étoit alors la riviere
d'Aa, comblée au point que nous l'avons dit art. 442. D'ailleurs
ce nouveau canal devant fuppléer en partie à la perte du port de
Dunkerque, il étoit effentiel d'avoir auffi égard à la nature de la
rade, excellente vis-à-vis la foffe de Mardick, au lieu qu'il n'en
étoit pas de même près de Gravelines. Ces raifons jointes à plufieurs autres que je paffe fous filence, ont déterminé Louis le
Grand d'ordonner l'exécution de ce dernier projet.

PLA. III.

*Tracé du ca-
nal de Mar-
dick, depuis
fa jonction
avec celui de
Bergues, juf-
qu'au radier
de la nouvelle
éclufe.*

494. Pour tracer le canal tel qu'on le voit repréfenté fur la
Planche III, on a donné à la ligne du milieu 1353 toifes de longueur, depuis le pont de l'éclufe de Bourbourg jufqu'à la naiffance
de l'arrondiffement, dont la courbure fut faite de 145 toifes, &
l'autre extrêmité fut prolongée de 353 toifes jufqu'aux palplanches du faux radier de la nouvelle éclufe. Cette prolongation fut
orientée de maniere que les deux branches du canal, unies par

l'arrondissement, formaffent ensemble un angle de 103 degrés ; ainsi sa longueur jusqu'à ce terme se trouva de 1851 toises.

Pl. III.

Pour régler la profondeur du canal, on en a d'abord déterminé le fond au niveau du radier de l'éclufe de Bourbourg ; de là il a été conduit en pente douce, en lui donnant 3 pouces 6 lignes par 100 toises, ce qui revient à 5 pieds 3 pouces de pente fur la longueur précédente.

La hauteur des bermes du canal, mefurées depuis le fond, s'eft trouvée de 18 pieds 5 pouces proche le pont de Bourbourg, & de 27 pieds 3 pouces près de la nouvelle éclufe, obfervant que leur furface fut d'abord élevée de deux pieds au-deffus du niveau de la campagne, jufqu'à 100 toises de l'arrondiffement, & cette élévation augmentée enfuite de 6 pouces de 100 en 100 toises.

La largeur du fond du canal a été déterminée de 15 toises depuis fon commencement jufqu'à l'arrondiffement, dont les deux portions de cercle n'ont pas été faites concentriques ; leurs extrêmités regardant la mer ayant 5 toises d'intervalle de plus que celles qui regardent le pays, afin que la branche, depuis fon arrondiffement jufqu'à la nouvelle éclufe, eût au fond 20 toises de largeur au lieu de 15.

Les taluds des bords ayant été faits doubles de leur hauteur, ou réglés de deux pieds fur un pied, la largeur du canal, prife au niveau de la berme au pont de Bourbourg, s'eft trouvée de 28 toises 8 pouces, allant toujours en augmentant, felon la profondeur, jufqu'à la nouvelle éclufe, où elle s'eft terminée à 36 toises 1 pied.

495. La largeur de la berme, prife du côté du pays, depuis le pont de Bourbourg jufqu'à la naiffance de l'arrondiffement, a été faite de 6 pieds, & celle du côté des dunes de 9, afin que les vents euffent moins d'avantage pour porter les fables dans le canal. Delà ces bermes ont été élargies infenfiblement jufqu'au bout, où elles avoient chacune 15 pieds.

Dimenfions qui ont été données aux bermes & digues qui regardent le long de ce canal.

Les digues de part & d'autre, fur toute la longueur du canal, ont été faites de 6 pieds de hauteur au deffus des bermes (dont elles fuivoient le niveau), fur une largeur de 8 toises au fommet, depuis le pont de Bourbourg jufqu'au coude ; delà elles ont été continuées fur 10 toises de largeur jufqu'à l'éclufe. Leur talud fut gazonné du côté du canal, & réglé de 6 fur 6 pieds, de même que fon oppofé, pour la digue qui regardoit le pays ; mais l'extérieur de l'autre, du côté des dunes, fut d'une fois & demie fa hauteur, c'eft-à-dire de 9 pieds. Toutes ces mefures pour le remblai des terres ont été déterminées d'avance fur le produit de la fouille du canal, felon les dimenfions qu'on s'étoit propofé de lui donner.

Quant à l'autre partie du canal, entre l'éclufe & le rivage, fa longueur s'eft trouvée de 174 toifes depuis les palplanches du faux radier jufqu'au bord de l'eftran ou laiffe de haute mer; & lorfque l'ouvrage fut entierement achevé, la profondeur de cette même partie étoit de 15 pieds 8 pouces, niveau des baffes marées, l'eftran ayant à peu près 16 pieds de pente depuis la laiffe de haute mer jufqu'à celle de la baffe.

De quelle maniere le travail fut diftribué aux troupes campées le long des bords du canal.

496 Pour faire mention de ce qui a été fuivi dans le cours de la conftruction de ce canal on faura qu'après l'avoir tracé, on en a partagé la largeur en deux également, par une ligne qui regnoit fur toute fa longueur, afin de marquer la limite des atteliers qui devoient être diftribués aux troupes. Cette ligne fervit en même tems à diriger la rigole pour recevoir les eaux qu'on épuifa par des moulins à chapelet.

Les troupes furent campées le long des bords du canal. D'un côté étoit placé de fuite un bataillon par rang de compagnie; & quand il y en avoit deux du même régiment, le fecond étoit vis-à-vis du premier; s'il n'y en avoit qu'un, fon oppofé étoit d'un autre régiment avec lequel on favoit qu'il y avoit de la concorde.

Les atteliers ont été diftribués de trois en trois toifes fur la moitié de la largeur du canal, chacun compofé de 6 hommes, deux chargeurs & quatre rouleurs ou relais. Pour ménager le talud du canal, on traça à trois toifes de fon bord fupérieur une ligne le long de laquelle le travail fut commencé en s'enfonçant par banquettes, fans qu'il fût permis aux travailleurs d'anticiper dans l'intervalle de ces parallelès, excepté pour y former des rampes qu'on adouciffoit en faifant des retours, lorfqu'on étoit parvenu à une certaine profondeur. En fuivant cette méthode on s'eft paffé de ponts, dont la dépenfe eût été fort à charge à l'entrepreneur. Après que le déblai du milieu du canal a été achevé, on a enlevé toutes les terres précédentes pour former le talud, qui s'eft trouvé par-là régulierement obfervé.

Chaque bataillon fourniffoit trois cens hommes pour le travail, commandés par un Capitaine, fon Lieutenant & deux Sergens, indépendamment d'un troifieme payé aux frais de l'entrepreneur, pour veiller à la confervation des outils.

497. A cinq heures du matin on tiroit un coup de canon pour avertir le soldat, qui commençoit le travail à cinq & demie ; à huit heures on en tiroit un second pour déjeûner, & à huit & demie l'on reprenoit l'ouvrage jusqu'à onze heures, où un troisieme coup de canon annonçoit le dîner. A une heure après midi un quatrieme coup avertissoit pour reprendre le travail jusqu'à quatre heures, qui étoit suivi d'une demi-heure de repos, annoncée par un cinquieme coup de canon ; après quoi le travail étoit continué jusqu'à sept heures, où on le quittoit au signal du sixieme coup.

Partage de la journée pour le tems du travail & celui du repos.

Comme on trouvera dans le second volume des dissertations fort détaillées sur la plus grande économie de la fouille & du transport des terres, je ne m'arrête point à ce qui a été bien ou mal entendu pour la construction du canal de Mardick, & je passe à la description de son écluse ; c'est pourquoi je ne dirai rien non plus du déblai qui fut fait pour en établir le radier au niveau de la laisse des plus basses marées, ni des masses de terre qu'on laissa au-dessous & au-dessus servant de batardeau, placées à dix toises du bord des faux radiers, afin de ménager de l'espace pour asseoir les machines à épuiser les eaux : ainsi, toutes ces choses supposées, je vais d'abord donner une idée générale de cette écluse, afin qu'on soit plus en état de juger de ce qui a été suivi dans sa construction.

498. Si l'on considere la Planche XL, on verra qu'elle en comprend le plan représenté à vue d'oiseau, telle qu'on l'appercevroit si elle étoit isolée, c'est-à-dire dégarnie des terres de remblai que soutiennent ses bajoyers ; d'où il résulte que les deux teintes différentes qui regnent derriere l'épaisseur de leur couronnement, marquent les retraites de la maçonnerie depuis la fondation. A l'égard du radier, il fut établi assez bas pour que dans le tems des fortes marées, il se trouvât au-dessus environ 23 pieds d'eau.

PL. XL. *Propriété de l'écluse de Mardick, relativement à son objet.*

On voit, comme je l'ai dit plusieurs fois dans le premier Livre, que cette écluse étoit divisée en deux passages, l'un de 44 pieds de largeur, pour les gros vaisseaux que la tempête ou l'ennemi auroient mis dans le cas de relâcher dans le canal ; & l'autre de 26 à l'usage des bâtimens ordinaires, afin que ce dernier servît à soulager les portes du grand. Ces passages furent séparés par une pile de 30 pieds d'épaisseur, pour ménager un encaissement FGH, qui facilitât le mouvement de la moitié BC du pont tournant AC du grand passage, & qui reçût la volée de l'autre DE, servant à traverser le petit.

PL. XL. Pour foulager les portes du poids immenſe d'eau qu'elles avoient à foutenir dans certains tems, & pour garantir le pays des irruptions de la mer, lorſqu'aux équinoxes elle s'élève à une hauteur extraordinaire, on les a douolées du côté du rivage & du côté du canal. Quand les premières OPQ, VXY, étoient fermées dans la haute mer, ſa pouſſ e ſe partageoit entre elles, en la faiſant monter à une certaine hauteur dans la chambre QPO VXY, comme je l'ai expliqué aux articles 138 & 139; à quoi contribuoient auſſi les eaux douces, en s'appuyant contre le revers des portes OPQ. Ainſi l'on étoit maître de ne laiſſer entrer les marées dans le canal qu'à la hauteur qu'on le jugeoit convenable au jeu des portes tournantes IKN, dont il en paroît ici une IK fermée, & l'autre LM ouverte; obſervant que ces dernieres pouvoient auſſi être foulagées de leur charge, en tenant fermées les autres RST, quand la mer ſe retiroit, après avoir laiſſé dans la chambre NKIRST l'eau à une hauteur proportionnée à celle de la retenue, pour en partager le poids. D'ailleurs ayant doubles paires de portes de flot & d'ebes, on étoit aſſuré que ſi l'une venoit à manquer par quelque accident, l'autre pouvoit y ſuppléer. Que ſi le travail étoit conſidérable, on avoit la reſſource des batardeaux, qu'on pouvoit faire à l'aide des couliſſes pratiquées dans les bajoyers & la pile. Sur quoi l'on remarquera que pour fortifier ces batardeaux, on avoit attaché ſur les dernieres traverſines des ſemelles Z, où étoient pratiquées des mortoiſes prêtes à recevoir les arcboutans des montans appliqués contre les poutrelles. Au reſte, ayant ſuffiſamment détaillé dans les articles 381 & 474 les venteaux de cette écluſe, auſſi-bien que les portes tournantes & leur manœuvre pour approfondir le chénal, je ne m'y arrête point. Je dirai ſeulement que l'on trouvera encore ces mêmes portes placées dans leurs enclaves ſur la Planche XLIV, qui comprend l'élevation de la pile apperçue le long du petit paſſage, avec le profil du radier, dont le progrès de ſon exécution eſt diviſé en ſix manieres différentes de travail ſucceſſif, repréſentées ſur les Planches XLI & XLII.

Maniere dont les pilots ont été diſtribués ſous la fondation de cette écluſe.

499. L'écluſe ayant été tracée, on commença par enfoncer des pilots de 9 à 10 pieds de longueur, ſur 10 à 10 pouces de groſſeur, qu'on avoit tirés de la démolition des jettées de Dunkerque. Ils furent placés par rangées, bien alignés ſur toute la largeur de la fondation, terminée à la queue des contreforts, ſans

PL. XLI. avoir égard aux vuides que laiſſoient leurs intervalles, comme on le voit marqué dans le premier travail. Ces rangées étoient

éloignées de 3 pieds l'une de l'autre, mesurées de milieu en mi- PL. XLI.
lieu. Les centres de ces pilots étoient posés à 6 pieds de distance,
sous le radier des passages, & à 3 pieds seulement sous le massif
des bajoyers, de leur contrefort & de la pile, sans parler des autres qui soutenoient les ventrieres des huit files de palplanches
posées aux endroits ordinaires, de maniere qu'il y eût 4 toises
entre la premiere & la seconde file, 7 toises 1 pied entre la seconde
& la troisieme, 3 toises 2 pieds entre la troisieme & la quatrieme
file, 17 toises 2 pieds entre la quatrieme & la cinquieme, 3 toises
2 pieds entre la cinquieme & la sixieme, 7 toises 1 pied entre la
sixieme & la septieme, enfin 4 toises entre la septieme & la huitieme file. Toutes ces distances mesurées de milieu en milieu de
l'épaisseur des palplanches. Ainsi la longueur de l'écluse s'est
trouvée de 46 toises 2 pieds, non compris les deux ventrieres
extérieures, sur 28 toises 4 pieds de largeur, sans égard aux embranchemens de 4 toises de saillie au-delà des contreforts.

500. Après avoir garni de maçonnerie l'intervalle des pilots, *Suite du pro-*
chaque rangée précédente fut coëffée d'un cours de traversines *grès de la fon-*
marqué par le second travail ; ensuite on a posé la seconde grille *dation jus-*
qu'au recou-
composée de longrines, & le premier plancher du radier sous les *vrement du*
passages seulement, comme le marque le troisieme travail, où *radier.*
l'on voit aussi les maîtresses pieces destinées à soutenir les seuils.

Les vuides formés par les compartimens ayant été remplis de PL. XLII.
maçonnerie, on a posé une troisieme grille faite de traversines,
exprimée dans le quatrieme travail. A l'égard du cinquieme, il
montre le second plancher attaché sur la grille précédente, avec
l'assemblage des buscs & le relief de l'estrade. Quant au sixieme
travail, il se réduit à faire voir le recouvrement du plancher
précédent, par conséquent le radier de l'écluse, ainsi que la
premiere assise des bajoyers & de la pile ; mais pour mieux juger PLANC.
du tout, il faut considérer les profils rapportés sur la quarante- XLIV.
quatrieme Planche, relatifs à la quinzieme, que nous avons expliqué dans l'article 254.

501. Tandis qu'on étoit occupé à fonder l'écluse, on travail- *Description*
loit aussi à établir les faux radiers de la maniere que nous l'avons *du faux radier*
& des ailes de
expliqué article 328, relatif à la Pl. XLIII, comprenant celui *la même écluse.*
qui regardoit la mer ; c'est pourquoi il convient de relire cet article, en observant que A marque par intervalle le fond du ter- PLANCH.
rein, B les lits de glaise appliqués dessus, C ceux de fascinage, XLIII.
D les mêmes lits contenus par des tunes, E les pierres dont les

PLANC.
XLIII.
intervalles de ces tunes font remplis; F, le grillage pofé fur les fafcines: en un mot, la file des palplanches GH qui terminent ce radier, au-delà duquel en eft encore un autre IK, mais plus fimple, pour mieux garantir le fond des fouilles qu'auroient pu caufer la violence du cours des eaux de la retenue. Comme il étoit également néceffaire que les taluds de la partie du canal entre l'éclufe & l'eftran fuffent préfervés du même accident, on les a auffi revêtus de fafcinages tunés & recouverts de pierres, comme le montre le profil qui eft au bas de la même Planche.

Les ailes LMN de cette éclufe ont été revêtues de charpente, dans le goût de la conftruction enfeignée aux articles 364 & 365, où il eft fait mention d'un premier & d'un fecond dormant TV, XY, afin de pouvoir alonger les clefs OP de la partie QR avec laquelle elles font liées, dans le cas où les quais ont beaucoup d'élévation. J'ajouterai que la teinte défignée par S, marque le conroi de glaife élevé derriere le revêtement, pour empêcher que la tranfpiration des eaux ne pénétrât les terres de remblai.

Tracé du chénal de Mardick.

502. A l'égard du chénal, il a été orienté N. N. O, au lieu que celui de Dunkerque eft N $\frac{1}{4}$ N. O. La longueur du premier étoit en 1715 d'environ 860 toifes, fur 40 de largeur à fon entrée, allant en croiffant jufqu'à 50 à fon embouchure. Il fut aligné par deux jettées qu'on forma en creufant une tranchée d'un pied de profondeur fur 3 toifes de largeur, remplies de fafcines élevées par lit, leur longueur pofée en travers de cette tranchée jufqu'à la hauteur de deux pieds. Ces fafcines furent contenues par des tunes pofées felon la largeur du chénal, à deux pieds les unes des autres, pour qu'il s'en trouvât 9 dans la largeur. Le tout fut recouvert d'un lit de groffes pierres tirées de la démolition des jettées de Dunkerque, lardées de piquets enfoncés près-à-près; ce qui fut exécuté fucceffivement, dans les tems que la mer étoit baffe, depuis l'extrêmité des digues de la partie du canal entre l'éclufe & l'eftran (595), jufqu'à la laiffe de baffe mer. La jettée d'oueft fut encore prolongée de 40 toifes au-delà de la tête de celle d'eft, pour garantir l'embouchure du chénal des enfablemens que les flots venant d'oueft auroient pu caufer.

De quelle maniere l'on s'y eft pris pour creufer le chénal précédent.

503. Au commencement de 1715 on traça dans le milieu de l'intervalle des deux jettées précédentes, un petit chénal de fix toifes de longueur, creufé par des travailleurs pofés d'abord

le

le long de la partie la plus voisine de la laisse de basse mer, laquelle venant à remonter, ceux de la tête se replioient derriere les autres, ainsi alternativement de suite, en reculant vers le bord supérieur de l'Estran. Le déblai étoit porté de main en main dans des paniers derriere la jettée de l'est plutôt que vers celle d'ouest, parce que la marée montante auroit rapporté les sables dans cette tranchée ou rigole, que l'on élargit à mesure qu'on approchoit de la naissance des jettées, où on lui donna dix toises au lieu de six. On choisit exprès pour ce travail le tems des mortes eaux, où les marées ne s'élevant point si haut à beaucoup près que de coûtume, les soldats pussent travailler toute la journée ; ce qui fut continué de la sorte jusqu'au 5 Février suivant, jour où l'on coupa le batardeau qui regardoit le pays.

504. Le lendemain les eaux douces étant à la hauteur de 14 à 15 pieds, elles furent lâchées à marée basse vers le midy, & s'écoulerent par là rigole. Les jours suivans l'écluse resta continuellement ouverte, pour que la mer par son flux & reflux délavat & emportât avec elle le sable que les travailleurs, secondés de plusieurs charrues suivies d'autant de herses, avoient labouré dans le chenal ; ainsi en continuant d'agir de la sorte dans le tems des basses marées, la rigole acquit chaque jour de nouveaux accroissemens en profondeur & largeur, qui s'étendit peu à peu jusqu'aux jettées de fascinage, sur-tout dès qu'on retint les eaux dans le grand canal pour les lâcher par le jeu des portes tournantes. Cependant comme l'impétuosité de leur cours auroit pu détruire les jettées, on en garantit le pied par de nouveaux lits de fascines, tunées & chargées de pierres, appliquées sur le talud qui se formoit, comme le montre le profil compris sur la droite de la planche XLIII, imité d'après ce qui a été suivi aux digues du chenal de Gravelines en 1744. On remarquera que pour prévenir que l'eau ne les perçât, on a fait un conroi de glaise marqué A, construit ainsi que le reste selon les regles de l'art, comme nous le détaillerons plus particulierement dans le second volume, en parlant des jettées de toutes les especes.

505. Pour prouver que ce n'est pas sans raisons que j'ai insisté en plusieurs endroits du premier livre sur la nécessité de méditer sérieusement toutes les parties du projet d'une écluse avant que d'en venir à l'exécution, & combien il falloit apporter de soin dans le cours de sa construction pour la rendre exempte des négligences qu'on observe dans celles mêmes qui passent pour les

Premier usage que l'on fit de l'écluse, le 6 Février 1715, pour l'écoulement des eaux du pays.

Observations sur les défauts de la même écluse de Mardick.

plus parfaites; je rapporterai ici à la lettre les remarques d'un
des habiles Ingénieurs employés aux travaux du canal de Mardick, sur les défauts de son écluse. Quoiqu'il fût un de ceux qui
ont eu le plus de part à ce grand ouvrage, son amour pour la vérité ne lui a pas permis de dissimuler les fautes qu'on y a faites.

« Les premieres traversines n'auroient dû excéder le derriere
» de la maçonnerie que d'un pied.

» Les deuxiemes traversines n'auroient dû être mises que sous
» les passages des éclufes feulement, & n'entrer que de deux
» pieds à droite & à gauche fous la pile & les bajoyers, & non
» fous toute l'épaiffeur de la maçonnerie.

» Les bufes ne font pas d'équerre avec la ligne du milieu de
» l'éclufe; c'eft ce qui a donné lieu aux embranchemens d'être
» biais, & que celui de Mardick n'a que 4 pouces de retraite
» fur le devant de la premiere ventriere des palplanches.

» Il y a un mauvais tracé dans la ligne du milieu de la pile, en
» forte que le centre de l'arrondiffement fe trouve de côté.

» Dans le deuxieme plancher, les bordages font tous d'iné-
» gale épaiffeur, enforte que le redoublement qui prenoit plein
» fur joint s'eft pofé affez mal.

» Les petits contreforts entre ceux des culées & celui du pont
» tournant font inutiles, auffi bien que ceux des angles.

» Les contreforts du pont tournant auroient dû être ronds,
» qui eft l'objet pour lequel ils font faits, & non en droite ligne,
» ce qui auroit épargné de la maçonnerie.

» La retraite, qui eft de 9 pieds tout d'un coup au bajoyer de
» l'eft, auroit dû être faite de trois pieds en trois pieds.

» L'épaiffeur des embranchemens eft beaucoup trop grande,
» étant de 11 pieds 9 pouces, en ce qu'ils n'ont rien à foutenir,
» les terres pouffant également les deux côtés; ils ne font faits
» que pour empêcher les courants d'eau qui voudroient prendre
» derriere les bajoyers; cette épaiffeur eft d'autant plus grande
» que les revêtemens des corps de place de 30 pieds de hauteur,
» n'ont pas 11 pieds par le bas.

» Lefdits embranchemens auroient dû être faits fuivant l'ali-
» gnement des quais de charpente; & fi l'on comparoit la dé-
» penfe de ces embranchemens & des quais de charpente, avec
» celle qu'auroient coûté des embranchemens de maçonnerie qui
» n'auroient pas eu plus de 12 pieds par le bas, leur donnant le
» talud ordinaire de la maçonnerie, la dépenfe auroit été au
» moins égale.

» Lefdits embranchemens, étant enfermés dans les terres,
» n'auroient pas dû avoir le parement de pierres de taille comme
» on y en a fait.

» Les contreforts des culées font trop grands jufqu'à la hauteur
» de 15 pieds, au bajoyer d'eft, & à 17 pieds au bajoyer d'oueft,
» les ayant retranchés de fix pieds; cette grande épaiffeur de ma-
» çonnerie n'eft donnée que pour les tirans des colliers, afin que
» prenant de plus loin, il puiffe y avoir plus de clefs enfer-
» mées dans la maçonnerie.

» Il n'y a pas affez de charge de maçonnerie au-deffus des ti-
» rans des colliers, n'y en ayant que 14 à 15 pouces.

» Il n'y a pas de raifon pour qu'un contrefort des culées à un
» bajoyer fe trouve plus large que l'autre, & l'on ne fait pas de
» retraite lorfqu'on s'apperçoit de cette faute, & que pour gar-
» der la fymmétrie on la reporte au contrefort vis-à-vis de l'au-
» tre bajoyer.

» On n'a pas fait l'encaftrement des portes tournantes, tant
» au grand qu'au petit paffage, affez profond, enforte que lef-
» dites portes au grand paffage faillent près de 15 à 16 pouces
» enfemble, ce qui fait que le paffage de 44 pieds fe trouve réduit
» à 42 pieds 8 pouces; celles du petit paffage aux portes tournan-
» tes & celles contre la mer faillent de 8 pouces enfemble, en-
» forte que ledit paffage fe trouve réduit à 25 pieds 4 pouces.

» On a fait quantité de reffauts aux routes des affifes de pier-
» res de taille, & leur niveau n'y a pas été bien obfervé ; ce dé-
» faut regarde principalement la beauté du coup d'œil.

» Le peu de longueur & de largeur de deblai que l'on a fait à
» cette éclufe a caufé beaucoup de difficultés, de retardemens &
» de dépenfe, à caufe des fables qui retomboient toujours dans
» la fondation, dont ils retardoient l'écoulement des eaux.

» Les longrines des avant-radiers auroient dû aboutir fur
» une deuxieme ventriere aux premieres files des palplanches,
» tant à l'entrée qu'à la fortie de l'éclufe.

» Entre les pilots de face aux quais de charpente, on auroit
» dû garnir cet intervalle de petits pilots, n'y ayant que de la
» terre graffe & des pierres; les fafcines ne pouvant y être mifes.

» On n'a pas tuné les fafcines de l'avant radier à la fortie de
» l'éclufe; les colliers du grand paffage ne font pas de niveau,
» il y en a quelques uns que le haut de l'équerre touche au col-
» lier & non au talon.

» Les deuxiemes chevilles de la premiere & de la huitieme file

»de palplanches mifes dans les deuxiemes ventrieres, font
»très-inutiles & de dépenfe fuperflue ».

Defcription d'un projet d'éclufe, pour bonifier le port de Calais.

Après la démolition du port de Dunkerque, tout demandoit
que l'on fongeât à bonifier celui de Calais; pour cela M. de
Moyenneville, Directeur des fortifications des places de cette
côte, fit plufieurs projets d'éclufe; un entr'autres qui peut paffer
pour le plus magnifique qu'on ait jamais vu, dont M. le Maréchal de Vauban, avoit donné autrefois la premiere idée. C'eft
pourquoi je l'ai rapporté fous le nom de ce grand homme, fur
les planches XLVI & XLVII; mais fon exécution a été fufpendue jufqu'à préfent, à caufe de l'extrême dépenfe qu'elle exigeoit; cependant ce projet n'en eft pas moins digne d'être rapporté, comme un exemple de ce qu'on peut faire de mieux dans
un cas pareil à celui qui l'a occafionné, qu'on ne peut bien entendre fans une legere connoiffance des environs de Calais, dont
je donne le plan fur la planche XLV.

Propriétés du projet dont il s'agit.

PLANC. XLV.

506. Je n'entreprends point d'expliquer le jeu des eaux qui fe
rendent à la mer par le port de cette place, non pas qu'on ne pût
tirer beaucoup d'inftructions de la maniere dont font dirigées
celles qui paffent par les éclufes du fort Nieulet, fituées à une
demi-lieue de Calais; mais c'eût été fortir des bornes où j'ai cru
devoir me renfermer, n'ayant pour fin que la defcription du
projet dont il s'agit, ce qui fait que je n'ai point rapporté ce
fort, qui n'auroit pu être compris fur la même feuille fans une
planche d'une grandeur extraordinaire. Je me contenterai de dire
que toutes les eaux du pays ne peuvent s'épancher à la mer qu'en
paffant entre la citadelle & la digue *a b*, où l'on avoit deffein
de conftruire les éclufes A, B, ayant pour objet de lâcher à marée baffe toutes les eaux qu'elles auroient retenu pour curer le
port & le chénal, à quoi auroient auffi beaucoup contribué
celles qu'on eût laiffé paffer au-delà, à marée montante, dans
un vafte terrein propre à fervir de réfervoir entre le fort Nieulet & la citadelle. D'ailleurs ces éclufes ne pouvoient être mieux
placées que fous le feu de cette fortereffe, comme on en va juger.

Explication de l'effet des cinq éclufes qu renferme le même pro-jet.

507. Pour peu que l'on examine en détail la planche XLVI,
on verra qu'elle comprend les développemens de la fondation

de cinq éclufes différentes, placées de front, dont la plus grande, qui eſt celle du milieu, eſt ſuppofée avoir double paires de
venteaux du côté du port & autant du côté du pays (art. 498).
Cette éclufe, de 36 pieds de largeur, devoit répondre dans la
fuite à un baffin deſtiné à recevoir un grand nombre de vaiffeaux,
tel que le port de Calais peut en être fufceptible, le baffin d'aujourd'hui n'ayant point affez de capacité. A droite & à gauche
de la même éclufe, on en ſuppofe deux autres de 16 pieds de
largeur, ayant dans le milieu une porte tournante ifolée, garan-
tie par deux autres bufquées comme celles de la planche XXIV.
Elles font fituées de maniere que les lignes L K, M K, (planche
XLV) paffant par le milieu de la longueur de ces éclufes, viennent fe rencontrer au même point K de la direction IK où fe
trouve la grande, pour que la réunion de l'eau qui s'échapperoit
par ces débouchés fût capable de former un courant dont la
force pût encore agir violemment au-delà de la tête des jettées
prolongées, afin de pouffer le chénal auffi avant dans la mer
qu'il feroit poffible. Cela n'eût pas manqué d'arriver par la fuite
en plaçant les radiers au niveau de la baffe mer; parce que les
éclufes fe fuffent trouvé chargées de 16 à 17 pieds d'eau, qui
eſt la hauteur ordinaire des marées dans ce port. D'autre part,
on devoit encore ajouter de chaque côté une petite éclufe de 6
pieds, dont la direction LN, MO des eaux auroit étendu le cu-
rement fur toute la largeur du port, & auroit fervi de décharge,
fans être obligé d'ouvrir les précédentes; à quoi auroit auffi contribué une troifieme, ménagée dans le batardeau fervant à lier
cette chaîne d'éclufes à la digue a b conſtruite en maçonnerie,
depuis 1728. Ce dernier pertuis auroit été d'autant plus néceffaire qu'il auroit fervi à donner la chaffe aux fables que les vents
& les marées portent dans les gros tems le lòng du port, qui feroit bientôt comblé fi actuellement le jeu des éclufes d'Aſfeld
(P) & de la citadelle (Q) ne les emportoit à mefure qu'il s'en
dépofe.

508. Si l'on confidere la maniere dont les bajoyers de la grande
éclufe font liés avec ceux des moyennes, on verra qu'il en réfulte
deux grandes plate-formes dont chacune devoit être couverte
extérieurement d'un parapet garni d'artillerie, formant deux
redoutables batteries dont l'une devoit avoir 9 pieds de fupério-
rité fur l'autre, comme on le voit exprimé par les profils que
comprend la XLVII planche, qui ne laiffera rien à défirer pour
la parfaite intelligence de la précédente, fi l'on eſt attentif

PLANC.
XLV, &
XLVI.

Batteries de canons qu'on devoit établir entre l'éclufe du milieu & fes collatera-les.

à rechercher la relation que leurs desseins ont ensemble.

- Ces deux batteries, qu'on suppose se communiquer par un pont, étant disposées sur plusieurs faces, auroient eu l'avantage de diriger leur feu de toutes parts pour la défense du port, du Risban & du fort Rouge, qui se fussent trouvés moins exposés que jamais au bombardement, par le grand éloignement où auroient été obligées de se tenir les galiotes à bombes. Sans parler de la protection qu'en retireroit aussi le front de la citadelle qui regarde le fort Nieulet ; mais la bonté de ce projet se fait assez sentir pour ne pas m'y arrêter davantage.

Remarque sur l'inconvénient de placer les éclufes de chasse dans la direction même du chénal.

PLANC.
XLV.

509. Il sembleroit que de toutes les positions qu'on peut donner à une écluse de chasse, il n'y en a point de meilleure que de la situer dans la direction du chénal, comme par exemple en X, déterminée par la prolongation Y X, & Z X des jettées ; puisqu'alors les eaux de la retenue, qu'on suppose ici en reserve dans les fossés du front de Gravelines, agiroient en plein pour approfondir le chénal, sans recevoir en chemin aucune modification qui en altérât la vitesse. Cependant on se garde bien de suivre cette idée toute naturelle qu'elle paroît, parce que dans les gros tems les houles des fortes marées frapperoient avec tant de violence les portes de flot qu'elles seroient bien-tôt détruites, ce qui arriveroit à Calais plutôt qu'ailleurs, vû les ravages que la mer est capable d'y produire. Comme il en est à peu près de même dans les autres ports situés sur la Manche, on a eu grand soin de ne point trop exposer les écluses qu'on y voit, & de les dérober pour ainsi dire aux coups de lames qu'on avoit à redouter, qui sont quelquefois si violens que les plus forts travaux leur résistent à peine. C'est pourquoi au Havre de Grace on a eu moins égard à la position favorable qu'on pouvoit donner à l'écluse de chasse qui est sur la chaussée de la citadelle, que de la garantir des prodigieux effets de la mer dans le fond du port, où il semble que cette écluse auroit dû être placée.

Il n'y a donc que dans les cas où une écluse seroit à une grande distance de la laisse de basse mer, qu'elle peut sans risque se trouver dans la direction du chénal ; parce que les houles s'affoiblissent à mesure qu'elles ont plus de chemin à parcourir. Au reste il ne faut pas croire que ce soit la grande violence des courans causés par une retenue qui fasse toujours le meilleur effet pour bien curer un port ; il y a un art d'en ménager l'action selon la disposition des lieux que l'expérience seule peut apprendre, quand elle est éclairée par les principes d'une bonne théorie, ce

que j'enseignerai dans le second volume en traitant ce sujet plus
particulierement que je ne l'ai fait jusqu'ici ; parce qu'il ne convenoit point de me distraire de la fin principale du premier, qui
ne devoit traiter que de la construction & de l'usage des écluses,
selon le plan général que je me suis fait de cet ouvrage. C'est
pourquoi je remets aussi à parler dans la suite des forts de charpente tels que E, & des batteries de revers F, qui accompagnent
les jettées de Calais, dont je rapporte les développemens avec ce
qu'on a proposé de mieux pour en continuer la prolongation H
jusqu'à la laisse de basse mer, & je vais expliquer les propriétés des
écluses qui forment le jeu des eaux servant à entretenir ce port.

510. Le canal de communication de S. Omer à Calais reçoit
toutes les eaux du pays qu'il parcourt, & peut les décharger à la
mer par trois débouchés indépendans l'un de l'autre. Pour en
juger on saura que les eaux douces de ce canal sont soutenues
pour la navigation par une écluse placée en S, que l'on nomme
du Crucifix, de 14 pieds de largeur, fermée par une vanne & une
paire de portes busquées ; le tout semblable à l'écluse rapportée
sur la planche XIX. Son objet est aussi d'empêcher que les eaux
de la mer ne se mêlent avec celles du canal, dont la ville tire
un grand secours, principalement les brasseurs ; étant reçues par
un aqueduc qui passe de T en V, sous le rez-de-chaussée de la
ville, qu'elles traversent jusqu'au débouché V où elles se jettent
dans le fossé de la place ; delà elles se rendent à marée basse
par un autre aqueduc G dans le bassin du port, moyennant l'é-
cluse *Joubert*.

Quand les eaux du pays sont surabondantes, elles s'écoulent
ordinairement à la mer en passant par le fossé de la citadelle, où
est une écluse Q, pareille à celle du crucifix, servant à curer le
port à marée basse, en lâchant les eaux du canal de *Crabes*, venant du fort Nieulet. Ce canal peut aussi se décharger, de même que celui de S. Omer, par l'écluse d'Asfeld, répondant au
courant PLK, lorsque l'on a des raisons de tenir fermée celle
de la citadelle, dont la fin est également remplie par la précédente, ayant une porte tournante & deux autres busquées du côté
de la mer, sur 14 pieds de largeur, dans le gout de celle que
comprend la planche XXIV. Ainsi ces deux écluses agissent
alternativement pour entretenir le port en aussi bon état que sa
situation présente peut le permettre, & servent l'une au défaut
de l'autre à l'écoulement des eaux du pays.

Propriétés des écluses qui existent actuellement, à Calais.

PLANC. XLV.

CHAPITRE IV.

Où l'on décrit l'écluse de Muyden, une des plus belles de la Hollande.

DE toutes les écluses qui font dans les Pays-Bas, il n'y en a point de plus capable d'exciter l'admiration que celle que l'on voit à Muyden, petite ville des Provinces-Unies dans la Hollande méridionale, à l'embouchure du *Vecht*, branche du Rhin qui s'en sépare dans les fossés d'*Utrecht*, pour se jetter dans le *Zuider Zée*, à deux lieues d'Amsterdam. Cette fameuse écluse qui sert à faciliter la navigation du Vecht avec la mer, paroît avoir fourni l'idée du projet pour curer le port de Calais, dont nous avons parlé dans le chapitre précédent; ayant de même cinq voies placées de front, dont celle du milieu est pareillement destinée au passage des bâtimens, & les quatre autres à l'écoulement des eaux de la riviere. Elles servent en même tems à entretenir le chénal à une juste profondeur par le jeu de leurs portes tournantes. La ressemblance à tous égards ne peut être plus parfaite, comme on en jugera en considérant la planc. XLVIII qui représente l'écluse de Muyden, apperçue à vue d'oyseau; mais avant que de passer à sa description, il est bon d'être prévenu que le pied dont je vais faire mention, en parlant de ses principales mesures, est celui d'Amsterdam qui ne vaut que 10 pouces 5 lignes & ½ de ligne, de celui de Paris.

Description préliminaire des principales propriétés de cette écluse.

PLANCH. XLVIII.

511. Le passage du milieu, formé par deux piles de maçonnerie ayant 264 pieds de longueur sur 14 d'épaisseur & 22 de hauteur au-dessus du radier, renferme un sas GHIK de 170 pieds de longueur entre les portes busquées HG & IK, où les plus grandes *Bélandres* peuvent être contenues pour passer du pays à la mer & réciproquement, quand les eaux des deux parts ne sont pas de niveau. Pour ne faire passer qu'un bâtiment de moyenne grandeur, on a ménagé vers le milieu de la longueur précédente, une paire de portes QO, qui donnent lieu à un autre sas plus petit OQIK, de 88 pieds de longueur qui demande par conséquent moins de tems pour mettre les eaux au même niveau, moyennant les pertuis pratiqués pour cela, comme nous l'expliquerons dans la suite.

Le

Le nom de *Belandre* n'étant guere connu que dans les Pays-
Bas, il ne sera peut-être pas inutile de dire qu'il désigne un petit
bâtiment de mer du port d'environ 80 tonneaux, fort long &
plat de varangue, ayant son appareil de mats & de voiles semblable à celui d'un *heu*, & allant de même à la bouline; on s'en
sert principalement dans la basse Flandre pour le transport des
marchandises grossieres, étant fort propre à naviguer sur les canaux & les rivieres.

512. Pour continuer l'explication de la planche XLVIII, on
voit qu'il étoit naturel d'employer les portes d'eau douce R pour
maintenir à sec le sas au cas de quelques réparations, & d'en
avoir d'autres de flot S afin d'empêcher, quand on le veut, que
la mer n'y entre; cependant comme ces dernieres auroient eu
trop à souffrir dans un gros tems, on en a encore placé deux
autres T pour les soulager, en faisant passer une certaine hauteur
d'eau dans la chambre formée par l'intervalle de ces portes,
selon les art. 138 & 139, afin de partager la charge, à quoi
peuvent aussi servir celles du milieu QO, les pertuis se trouvant
disposés à cette fin comme on en va juger. Mais il convient d'a-
bord d'être prévenu que toutes ces portes ont 16 pieds de hauteur
excepté celles de flot S qui en ont 20, devant soutenir les plus
fortes marées; ce qui fait que la tête des piles est plus élevée de
5 pieds que le reste de leur longueur, comme le montrent les
desseins de la planche cinquantieme.

Environ à 10 pieds au-dessus du radier on a ménagé dans l'é-
paisseur de chaque pile, un aqueduc *a b* de 90 pieds de longueur
sur 4 de largeur & 6 de hauteur, ayant quatre débouchés, un à
l'avant-bec *b*, deux autres répondant aux rameaux *a c*, *a d*, & un
dernier au rameau *e f*; tous ces débouchés sont fermés par des
vannes à coulisses, pour ne les ouvrir qu'au besoin. Par exemple,
supposant les portes de flot des cinq voies fermées, afin d'empêcher les marées de passer outre dans le tems du flux, & que
l'on ait des raisons pour mettre l'eau du grand sas GHIK de niveau avec celle de la mer; il ne faut pour cela que fermer les
portes GH, de même que les pertuis *d*, *f*, & ne laisser ouverts
que les autres *b* & *c*, pour que la mer entrant par *b* puisse sor-
tir par *c*.

Que si au contraire l'eau du sas se trouvoit plus élevée que
celle de la mer, on peut encore les mettre de niveau en fermant
l'entrée *b* des aqueducs & en ouvrant les pertuis *d*; d'où il suit
que ces aqueducs servent également à faciliter la navigation &

à partager la charge du poids de la mer entre les portes S, T & celles du milieu Q, O; puifque les pertuis C fe trouvent placés dans leur intervalle : ce qui eft aifé à entendre après ce qui a été enfeigné art. 137.

Remarques sur les portes tournantes de cette éclufe.

513. A droite & à gauche du grand paffage font les canaux répondans aux quatre voies affectées aux portes tournantes ifolées, dont on fuppofe ici les deux X, V ouvertes, & les deux autres Y, Z fermées. On obfervera que les plus larges V, Y de 20 pieds, font doubles des petites X, Z; les unes & les autres font féparées par les piles *h i*, qui donnent lieu aux ponts formés par les arches repréfentées dans les fig. 2 & 3 de la planche L, dont il eft aifé de fentir la néceffité pour les communications qu'exigent les manœuvres du jeu de cette éclufe, que l'on peut d'ailleurs traverfer d'un quai à l'autre en paffant fur le pont de charpente répondant à la riviere. Ce pont, qui eft en partie porté fur les piles M, eft coupé dans le milieu par deux tabliers qui fe levent de part & d'autre pour le paffage des bâtimens tout mâtés.

Les portes tournantes dont nous venons de parler n'ayant point de guichet comme à celles de Gravelines, fe meuvent avec des *vindas* à l'aide de cables & poulies de retour, comme nous l'expliquerons plus bas. Chaque pile *h i* eft traverfée d'un petit aqueduc *g l*, ayant une vanne au pertuis *g* pour faire paffer dans la chambre Z P, l'eau que reçoit l'autre Y L par le pertuis *f*, répondant à l'aqueduc *a b*, qui fert auffi à faciliter le jeu des eaux qui curent le chénal & à foulager les portes de flot qui garantiffent les tournantes contre l'action de la mer dans un tems orageux.

Ce que je viens de dire de l'éclufe de Muyden, ne doit être regardé que comme un expofé préliminaire de fes principales propriétés, afin de mettre le lecteur plus à portée de me fuivre dans le détail où je vais entrer de ce qui a été obfervé pour fa conftruction, & de la mécanique fervant à mouvoir fes portes.

Conftruction de la fondation de la même éclufe.

514. Pour juger de la fondation de cette éclufe, il faut en confidérer le plan fur la planche XLIX, & les profils compris fur la Pl. L, qui aideront à faire fentir l'affemblage des bois dont elle eft compofée, en rapportant ces profils à la pofition défignée par les lettres qui les accompagnent.

On fera attention que le plan de cette fondation eft divifé en deux parties égales par la ligne G K qui paffe au milieu de la grande voie; ainfi ce que je vais dire de chaque moitié GHIK & LGKM doit s'entendre du tout. Cela pofé, on faura que les petits cercles que l'on voit ponctués repréfentent les pilots qui ont été plantés fur toute l'étendue de l'éclufe, obfervant que dans chaque file on les a plus ferrés fous les piles, les bajoyers & les quais que fous les radiers, felon l'art. 240. Qu'à l'endroit des feuils Y des portes battantes & tournantes, on a enfoncé une file de palplanches dont le fommet eft encaftré dans l'épaiffeur du feuil même, où l'on a pratiqué une rénure pour le recevoir, comme on le voit exprimé par la même lettre Y dans la premiere fig. de la planche L, où l'on diftingue auffi les deux autres files de palplanches Z qui terminent les extrêmités du radier; avec cette différence que leur tête eft renfermée entre deux ventrieres felon la méthode ordinaire, que j'eftime moins bonne que la précédente pour les files intermédiaires. Je fuis furpris qu'on ne la préfere point à celle qui eft d'ufage, puifqu'on ne peut difconvenir qu'elle ne rende très-étanche cette partie du radier, dès qu'on aura la précaution de préparer la rénure comme dans l'art. 450. D'ailleurs elle difpenfe d'employer autant de pieces de bois que de coutume.

Les pilots ayant été recépés à une hauteur convenable, on y a fait des tenons pour recevoir un cours de longrines tel que N O, fur la feconde rangée qui regne fous le revêtement de chaque quai, & deux autres comme PQ, fous la partie des mêmes quais fervant de bajoyers aux voies adjacentes. On a auffi pofé un pareil cours R T fur la file de pilots répondant au milieu de l'épaiffeur des piles M & hi; deux autres encore V X fous toute la longueur de chacune des grandes piles AB; enfin un dernier GK dans le milieu de la largeur du grand paffage, lié aux pilots ainfi que les précédents, avec tenons, mortoifes & chevilles de fer.

Ces premieres longrines étant ainfi difpofées, chaque rangée de pilots prife dans la largeur de la fondation, a été pareillement coëffée d'un cours de traverfines encaftrées réciproquement & chevillées avec les longrines précédentes. Après quoi ces traverfines ont été croifées par un fecond rang de longrines pofées audeffus des premieres, encaftrées de même, pour que toutes les traverfines ferrées de la forte formaffent une grille inébranlable fur laquelle a été établi un plancher de 4 pouces d'épaiffeur fervant de radier; c'eft pourquoi il ne regne que dans la largeur de chaque voie & non fous les piles ni fous les quais. Le tout eft affez bien diftingué dans l'autre moitié LGKM du plan de cette éclufe, où l'on voit que fur ce plancher on a pofé une feconde grille de traverfines dont chacune répond exaûtement fur celles de deffous ; mais elle ne s'étend au-delà de la largeur du plancher qu'autant qu'il le faut pour que leurs extrêmités foient enclavées dans la maçonnerie des piles & des quais. Leur'objet eft de contenir le plancher d'une maniere inébranlable, en fuppofant qu'elles font liées avec les premieres par des chevilles ébarbées ; que d'ailleurs l'on a donné à toute cette conftruûtion la bonne façon qui convient aux ouvrages faits avec foin. C'eft à quoi je ne m'arrête point, en ayant affez expliqué la façon dans le premier livre. Je ne dis rien non plus des bufcs, feuils & paliers que l'on voit marqués fur la même planche, où il n'eft pas indifférent de remarquer la maniere dont ils font arcboutés, pour les affurer contre la pouffée de l'eau que les portes devoient foutenir.

Il paroît qu'on a eu tort de ne point affeoir les grillages de la fondation fur un maffif de maçonnerie, ou au moins fur un conroy de glaife.

PL. L.

515. Apparemment que le terrein fur lequel on a affis cette éclufe s'eft trouvé affez bon pour n'avoir pas eu befoin d'établir un maffif de maçonnerie fous le grillage qui en compofe le radier ; quoiqu'on feroit difpofé à penfer le contraire, vû l'immenfe quantité de pilots qu'on y a plantés, ce qui offre une contradiûtion manifefte. Il eft au moins à préfumer que les intervalles des pilots ont été remplis d'un lit de terre glaife bien battue, pour former un conroi d'environ deux pieds d'épaiffeur au-deffous du grillage ; autrement il eût été dangereux que les filets d'eau qui auroient pû par la fuite s'introduire fous le radier, entre les files de palplanches les plus éloignées l'une de l'autre, n'euffent fait de fâcheufes dégradations ; c'eft pourquoi j'ai fuppofé ce conroi aux profils de la planche L, quoiqu'il n'en foit pas fait mention dans les deffeins qui m'ont été communiqués de cette éclufe, ce qui m'a paru trop hardi pour n'en point faire la remarque. Au refte je paffe au détail particulier de la même planche, principalement à ce qui regarde la maniere de mouvoir les portes battantes & tournantes, comprenant plufieurs chofes dont on peut faire un très-bon ufage.

Explication du premier profil de la planche L.

516. Quoique la premiere figure qui repréfente l'élévation d'une des grandes piles, foit affez intelligible pour n'avoir pas befoin d'explication, je ne laifferai pas de remarquer qu'on y voit : 1°. Les venteaux R, H, Q, T, I, S des portes, tels qu'ils paroiffent logés dans leurs enclaves, quand il paffe des bâtimens par l'éclufe, au tems où l'eau de la riviere & celle de la mer font de niveau ; 2°. Les vindas K, accompagnés de leurs leviers, barres & cordages fervant à ouvrir & fermer les mêmes venteaux ;

Pl. L.

3°. Le pertuis C répondant à l'aqueduc pratiqué dans la même pile, pour mettre l'eau du fas au niveau de celle de la mer; 4°. Un petit vindas placé en A au-deſſus de la plate-forme de la pile, à l'endroit de chaque pertuis pour élever la vanne qui le ferme; 5°. Un des ſix eſcaliers B répondant aux piles & bajoyers pour paſſer de la plate-forme inférieure des piles à la ſupérieure.

A l'égard de la charpente de la fondation, j'ajouterai à ce que j'en ai dit précédemment, qu'aux radiers des portes battantes & tournantes qui regardent la mer il auroit fallu un ſecond plancher attaché ſur les traverſines ſupérieures, après en avoir garni de maçonnerie les intervalles, pour ne point donner priſe au courant de l'eau. Cependant il ne paroît point qu'on y ait eu égard, non plus qu'à pluſieurs autres choſes également eſſentielles à la conſervation d'une pareille écluſe; auſſi ne prétends-je point donner pour modele ce qui a été ſuivi dans ſa conſtruction, les radiers rapportés ſur la planche XLVI étant beaucoup mieux entendus, & plus conformes aux maximes enſeignées dans le premier Livre. Ce qui montre que ſi l'on n'a pas eu en France le mérite d'avoir inventé les écluſes, on ne peut diſputer qu'elles ne s'y ſoient perfectionnées plus qu'en aucun endroit de l'Europe.

517 Quant à la ſeconde figure, elle repréſente la tête de l'écluſe apperçue du côté de la mer. Pour varier les objets, on a ſuppoſé dans ce deſſein; 1°. Que les portes de flot de la grande voie étoient fermées; 2°. Qu'aux deux voies de la gauche il n'y avoit qu'un venteau de fermé & l'autre logé dans ſon enclave; 3°. Qu'aux deux voies de la droite, les portes de flot étoient ouvertes, pour laiſſer à découvert les tournantes apperçues fermées dans l'enfoncement, étant plus reculées de 50 pieds que les précédentes; puiſque les arcades D qui ſervent de pont, ſe trouvent intermédiaires, comme le plan de la planche XLVIII le montre: la ſeule différence eſt que d'une part elles ſont ouvertes & de l'autre fermées; 4°. Qu'on voit à l'endroit b l'entrée des eaux dans l'aqueduc dont il eſt parlé (art. 512.), grillé de barreaux de fer pour empêcher la mer d'y porter des ordures; 5°. Que les avant-becs des piles ſont revêtus de poteaux & liens de garde, pour les conſerver contre l'atteinte des bâtimens; 6°. Que l'on retrouve ici les vindas K ſervant à manœuvrer les portes de flot: & qu'enfin on ſuppoſe placés en A les autres petits vindas répondant aux vannes des pertuis b.

Pour dire auſſi un mot de la fig. 3, elle repréſente le profil des

Explication du ſecond & du troiſieme profil de la planche L.

piles, l'intérieur de leur aqueduc *b*, les couliffes D des vannes, les pertuis *d* & *c* (planche XLVIII); les fix efcaliers B, les portes tournantes & les arcades, apperçues de deffus le pont dormant qui eft à l'entrée de l'éclufe, dans le cas où il y auroit deux de fes portes ouvertes, & les deux autres fermées; manœuvre qui fe fait moyennant un double vindas C pofé fur les piles *h i*, à l'aide des chaînes & poulies *e f g* dont voici l'ufage.

Defcription des vindas fervant à manœuvrer les portes tournantes.

518. Sur la tête *h* de chaque pile *h i* font pofés deux vindas *m n*, *o p*, ayant doubles treuils affez éloignés l'un de l'autre pour qu'ils excédent l'épaiffeur de la maçonnerie, afin qu'elle ne faffe point obftacle au mouvement des cordes ou chaînes qui les accompagnent. Le plan d'un de ces vindas eft repréfenté en grand par la fig. 4. dont la cinquieme défigne un des flafques avec les mortoifes *b* des entretoifes *c* qui les lient étroitement emfemble, moyennant deux boulons *d e*. Chacun des treuils *a* eft embraffé de deux frettes de fer *f g* dentelées comme le marque la fig. 8, pour s'accrocher avec le bec d'un crochet *h* ayant un œillet *i*, enfilé par le boulon *d e* aux endroits *s*, afin de fixer les treuils dans la pofition où l'on veut qu'ils reftent par rapport à celle des portes tournantes, dont le jeu dépend de ce qui fuit.

PLANC. XLVIII, & L.

Fig. 3, 4 & 5.

Ces vindas fuppofés bien arrêtés fur les piles, avec des pattes de fer fcelées en plomb, comme on les voit exprimées fur la planche XLVIII, & en profil à l'endroit C de la figure 3 de la planche L; on faura qu'environ au milieu de la hauteur de chaque pile *h i*, c'eft-à-dire à dix pieds au-deffus du radier, font fcellées dans le mur les écharpes de deux poulies de retour *f*, dont on n'en peut appercevoir qu'une ici; qu'à la même hauteur il y a encore deux autres poulies *q* attachées aux poteaux battans, à l'aide defquelles ils peuvent être attirés alternativement par la puiffance appliquée aux leviers des treuils, moyennant une chaîne ou corde *e f g*, paffant fur les mêmes poulies. On obfervera que l'un de ces brins eft arrêté à l'écharpe de la premiere *f*, & l'autre au treuil correfpondant *e*, lequel venant à tourner, attire de bas en haut le brin *f e*, par conféquent le côté de la porte auquel eft attachée la poulie *g*; ce qu'on ne peut bien entendre que par le fecours de la planche XLVIII, confidérée à l'endroit où les portes tournantes font repréfentées ouvertes.

Explication de la maniere dont on ouvre & ferme les portes tournantes de cette éclufe.

519. Prenant pour exemple la porte V dans la pofition où elle eft, il faut s'imaginer que les quatre poulies *g h f k*, font dans le même plan horifontal, à dix pieds au deffus du radier. Cela pofé, fi l'on décroche du vindas *m n* le treuil qui eft au-deffus de

la poulie *k*, il attirera à foi l'autre *h*, par conféquent le côté de la porte où elle eft attachée, qui viendra s'appuyer contre fa feuillure après avoir décrit le quart de cercle *h r*, tandis que l'autre *g* décrira le fien *g q*; parce que le brin de corde *f g* s'allongera à mesure que le treuil au-deffus de la poulie *k*, en roulant le fien, forcera l'autre de fe développer, jufqu'à ce que la porte foit entierement fermée. Pour l'ouvrir, il faudra que des deux treuils précédens, l'un faffe réciproquement la manœuvre qu'a fait l'autre, ce qui eft trop aifé à entendre pour m'y arrêter davantage. Je dirai feulement que chacune de ces portes eft accompagnée de deux loquets appliqués fur les faces oppofées des poteaux battans, ayant leurs mentonnets fcellés dans les feuillures correfpondantes, & que l'éclufier leve ces loquets de deffus les piles, comme il eft expliqué art. 474.

520. Les fig. 6, 7 & 9 comprennent le plan & les profils d'un des vindas fervant à mouvoir les venteaux, chacun ayant le fien, que je me difpenfe de décrire à caufe de leur fimplicité. Il fuffira de dire que pour la manœuvre il y a un cable qui fait trois ou quatre tours fur le treuil O, confideré dans la fig. 2; que l'un des brins de ce cable eft attaché au fommet N du poteau bufqué L, & l'autre à l'extrêmité P d'une longue barre de bois PN, accrochée au même poteau. Quand on veut ouvrir ce venteau, l'on fait tourner le treuil O du fens convenable pour l'attirer dans fon enclave, en roulant le brin de corde qui lui répond; prenant garde que cela ne peut arriver fans que l'autre brin ne s'allonge en fe développant, autant que le premier fe raccourcit; à quoi le contraint le recul de la barre N P qui le tient toujours tendu. Pour fermer le même venteau, il ne faut que tourner le treuil d'un fens contraire, alors le brin précédent attire la barre à foi à mefure qu'il fe raccourcit; & comme cette barre ne peut fe mouvoir en avant fans pouffer en même tems le venteau avec lequel elle eft liée, il eft contraint de reprendre fa premiere fituation.

Il faut convenir que cette maniere d'ouvrir & de fermer les venteaux eft auffi fimple qu'ingénieufe; mais je ne la crois pas appliquable aux portes des éclufes du premier ordre, par l'embarras de fe fervir de barres affez fortes, eu égard à leur longueur, pour ne pas fléchir fous l'effort qu'elles auroient à foutenir. Il eft encore une autre maniere d'employer les mêmes barres rapportée fur la planche LX, que j'expliquerai quand fon tour fe préfentera. J'ajouterai en finiffant que pour lever la vanne des pertuis dont il est fait mention dans l'article 512, on se sert d'un simple vindas semblable au précédent, au treuil duquel elle est suspendue avec une chaîne; le tout recouvert d'une chape de planches pour empêcher qu'il ne tombe des ordures dans les aqueducs.

Les éclufes à l'ufage des canaux de navigation fe trouvent dans le IV. livre de cet ouvrage, de même que la conftruction des ponts tournants que comprennent quelques unes des planches précédentes.

521. Je crois m'être assez étendu sur les écluses propres à la marine, un plus grand nombre d'exemples ne pourroit qu'ennuyer. Il semble que j'aurois dû parler présentement de celles qui facilitent, dans les canaux de navigation, la montée & la descente des bateaux, aux endroits où la différence des niveaux du terrein fait naître des chutes; mais comme leur construction dépend de plusieurs choses qui m'eussent écarté de ma fin actuelle, j'ai cru n'en devoir parler que dans le quatrieme livre où j'ai traité à fond tout ce qui regarde cette partie de l'Architecture Hydraulique, autrement j'eusse été obligé à un trop grand écart.

Par la même raison je renvoye aussi au même livre le chapitre des ponts tournans à l'usage des écluses, quoique je l'eusse d'abord compris dans celui-ci, comme je l'ai donné à entendre article 427; mais ayant fait réflexion au moment qu'on alloit l'imprimer qu'il étoit plus à propos de le joindre à ceux de son espece qui regardent les ponts & chauffées en général, j'ai pris ce dernier parti pour ne point séparer les matieres qui tendent à un même objet. J'ai remplacé ce chapitre par le suivant qui est naturellement une suite des précédens : l'arrangement des matériaux pour un ouvrage aussi vaste que celui-ci n'est pas, comme je l'ai dit ailleurs, ce qu'il y a de moins difficile; il n'est donc pas surprenant que je fasse quelquefois des changemens malgré ce qu'il m'en a coûté pour bien établir mon premier plan, parce que souvent un sujet m'a amené beaucoup au-delà des vues qu'il m'avoit fait naître en ne l'examinant que superficiellement. Rien de plus humiliant pour l'humanité que de ressentir les bornes où l'esprit est renfermé, par le petit nombre d'objets qu'il peut appercevoir à la fois.

CHAPITRE

ARCHITECTURE HYDRAULIQUE II PARTIE.

Plan à vue d'oiseau des anciennes Ecluses de Mardick.

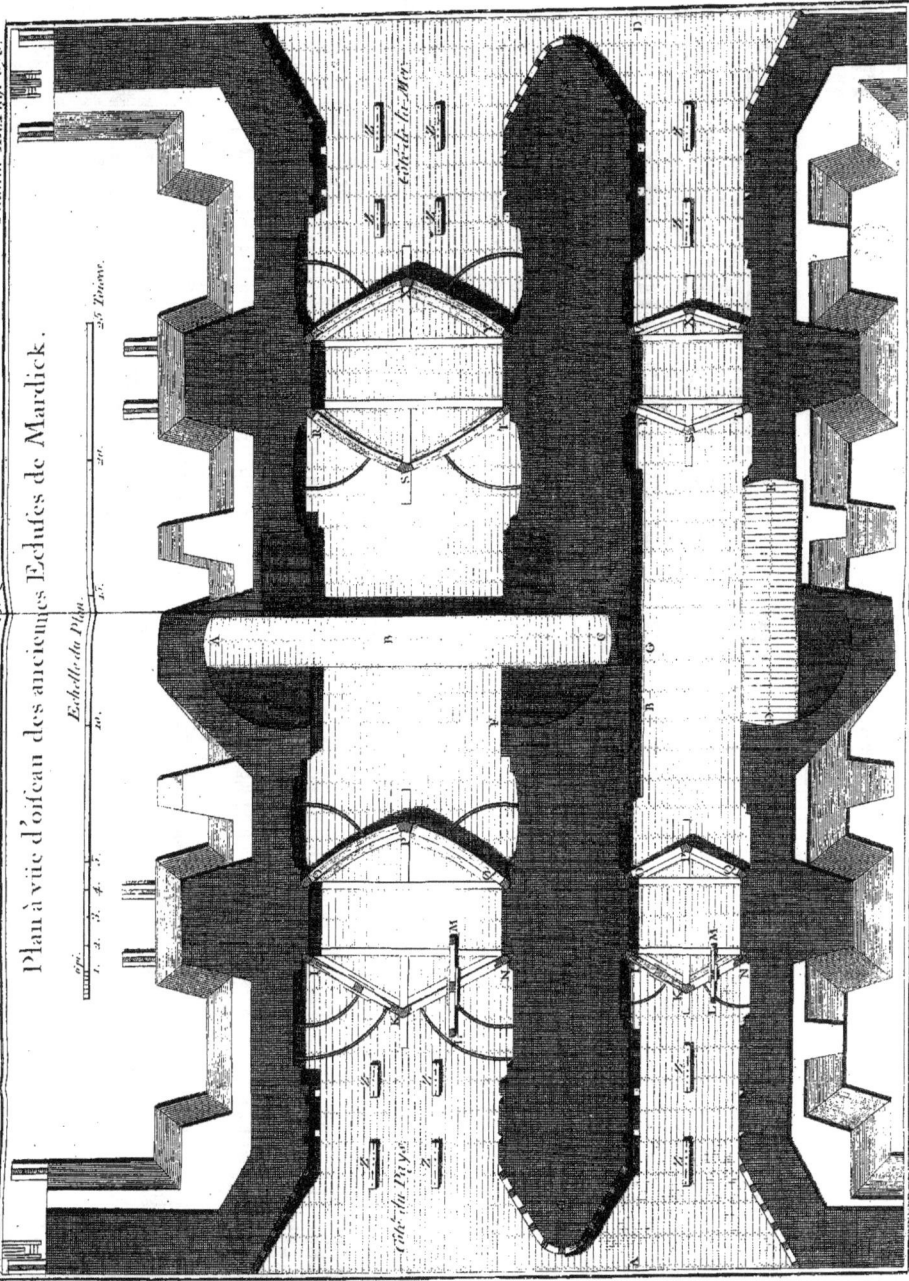

Echelle du Plan.

25 Toises.

côté de la Mer.

Côte du Pays.

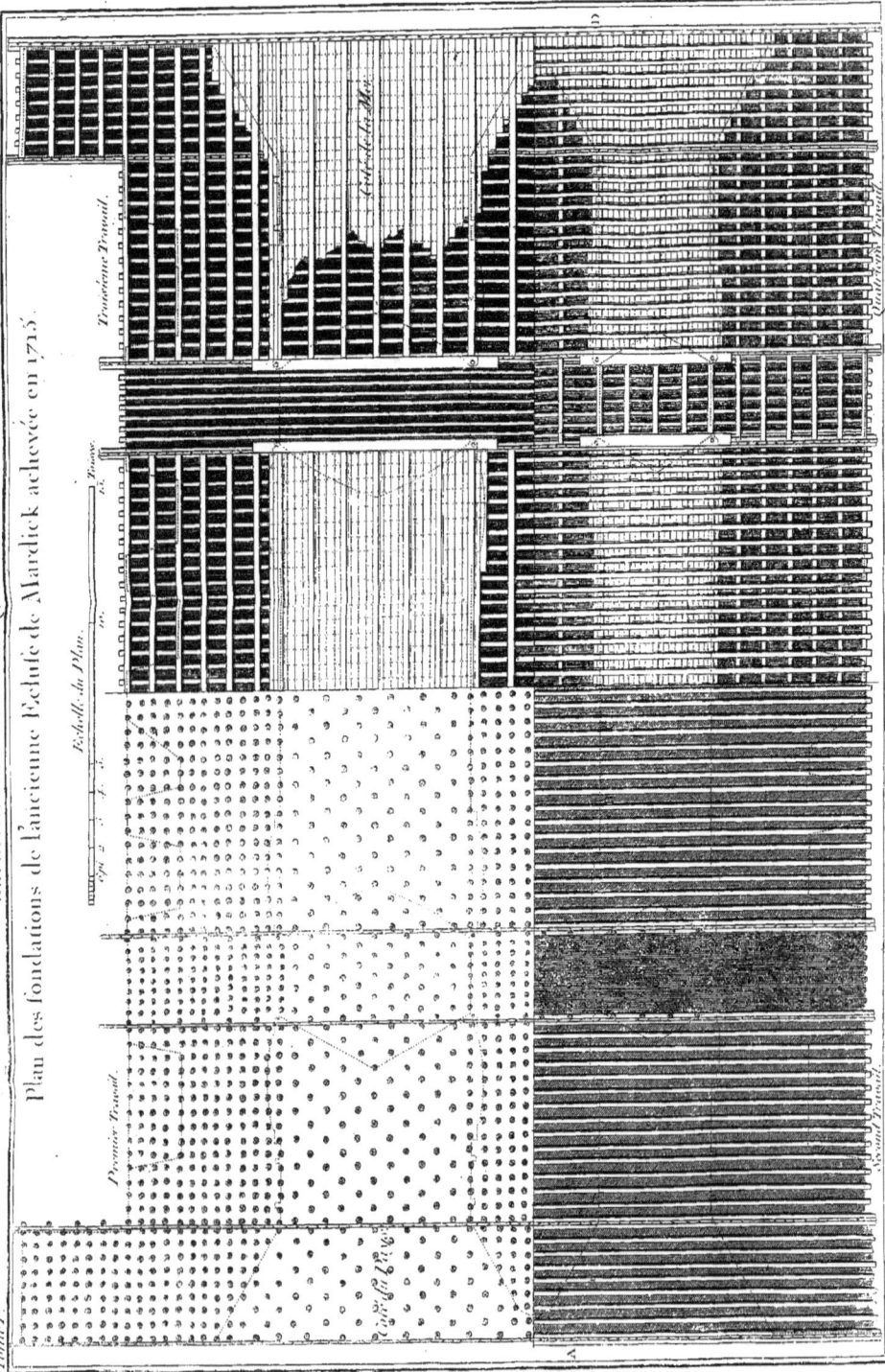

ARCHITECTURE HYDRAULIQUE, II. PARTIE.

Plan des fondations de l'ancienne Écluse de Mardick achevée en 1715.

Planche XLI.Pag. 320.

Échelle du Plan.

Troisième Travail.

Côté de la Mer.

Quatrième Travail.

Premier Travail.

Second Travail.

N.° 21.

ARCHITECTURE HYDRAULIQUE, II PARTIE.

Suite du progrès de la fondation des anciennes Ecluses de Mardick.

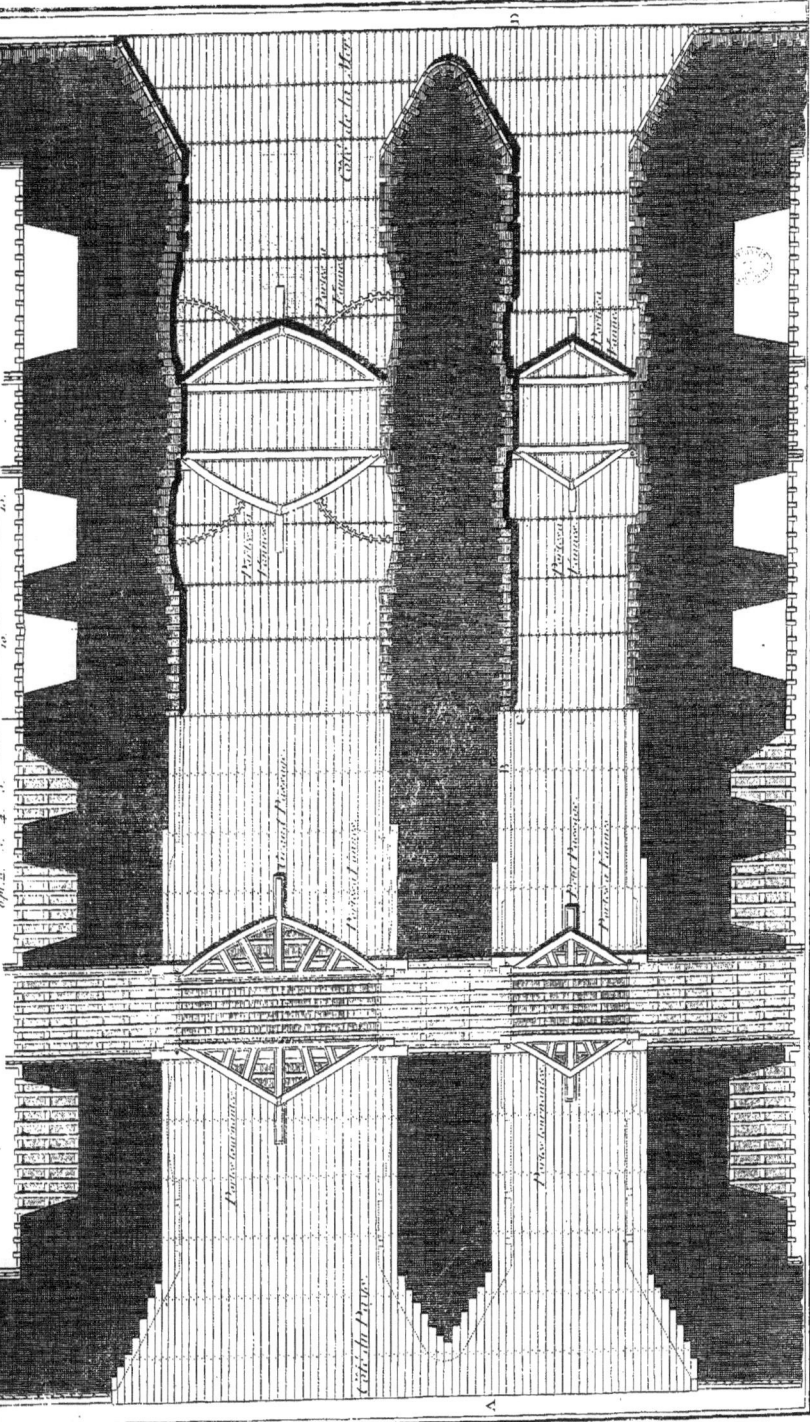

ARCHITECTURE HYDRAULIQUE. II. PARTIE.

Profil d'une des Jettées de fassinage du Chenal.

Côte du Chenal.

A

Profil d'une des Digues du Canal de Mardick
regardant la Mer.

Echelle du Plan.

Toises.

B. Ligne marquant le niveau de la Campagne.

Digue.

Fond du Canal.

Plan de l'avant ou faux
Radier de l'ancienne
Ecluse de Mardick pris
du côté de la Mer.

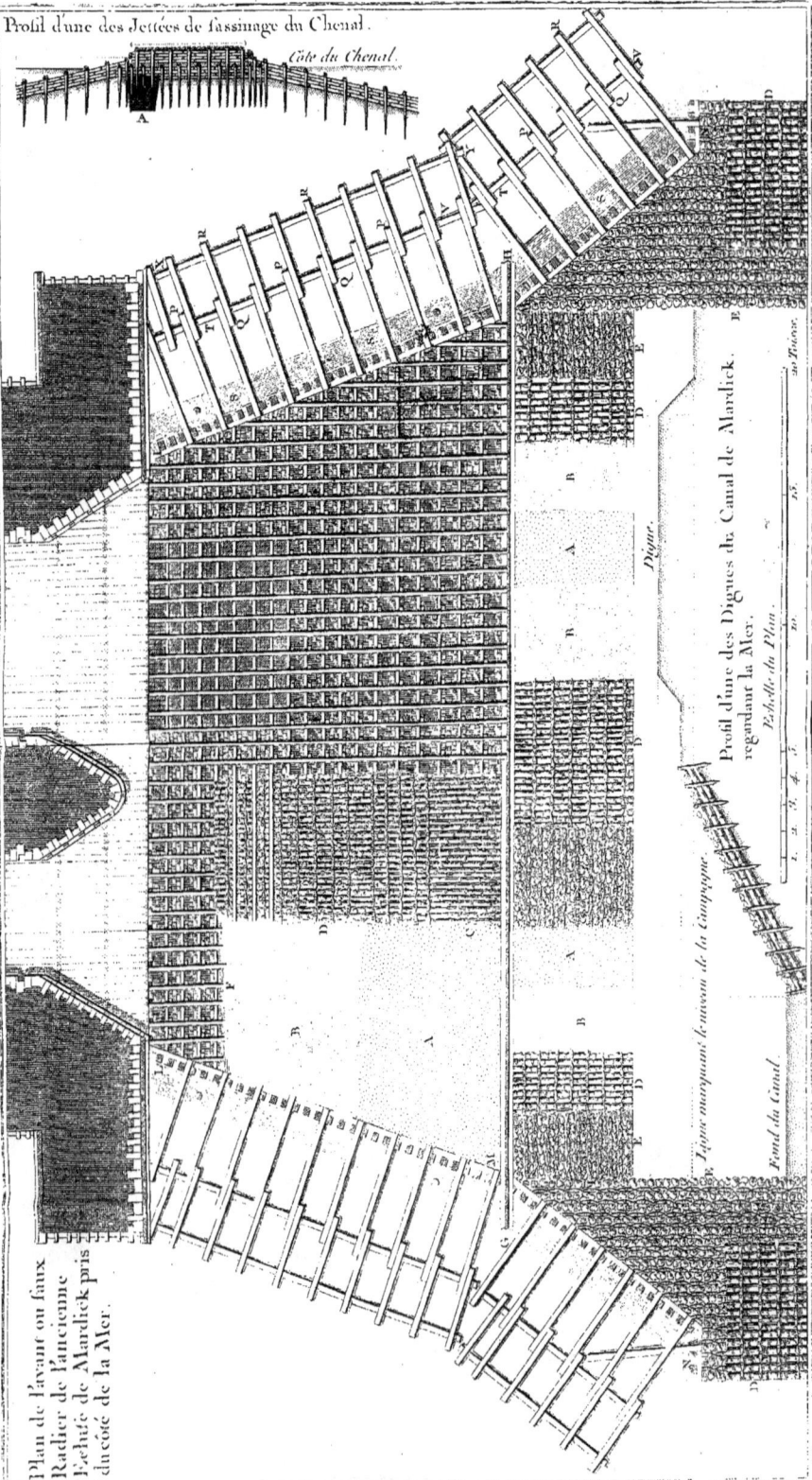

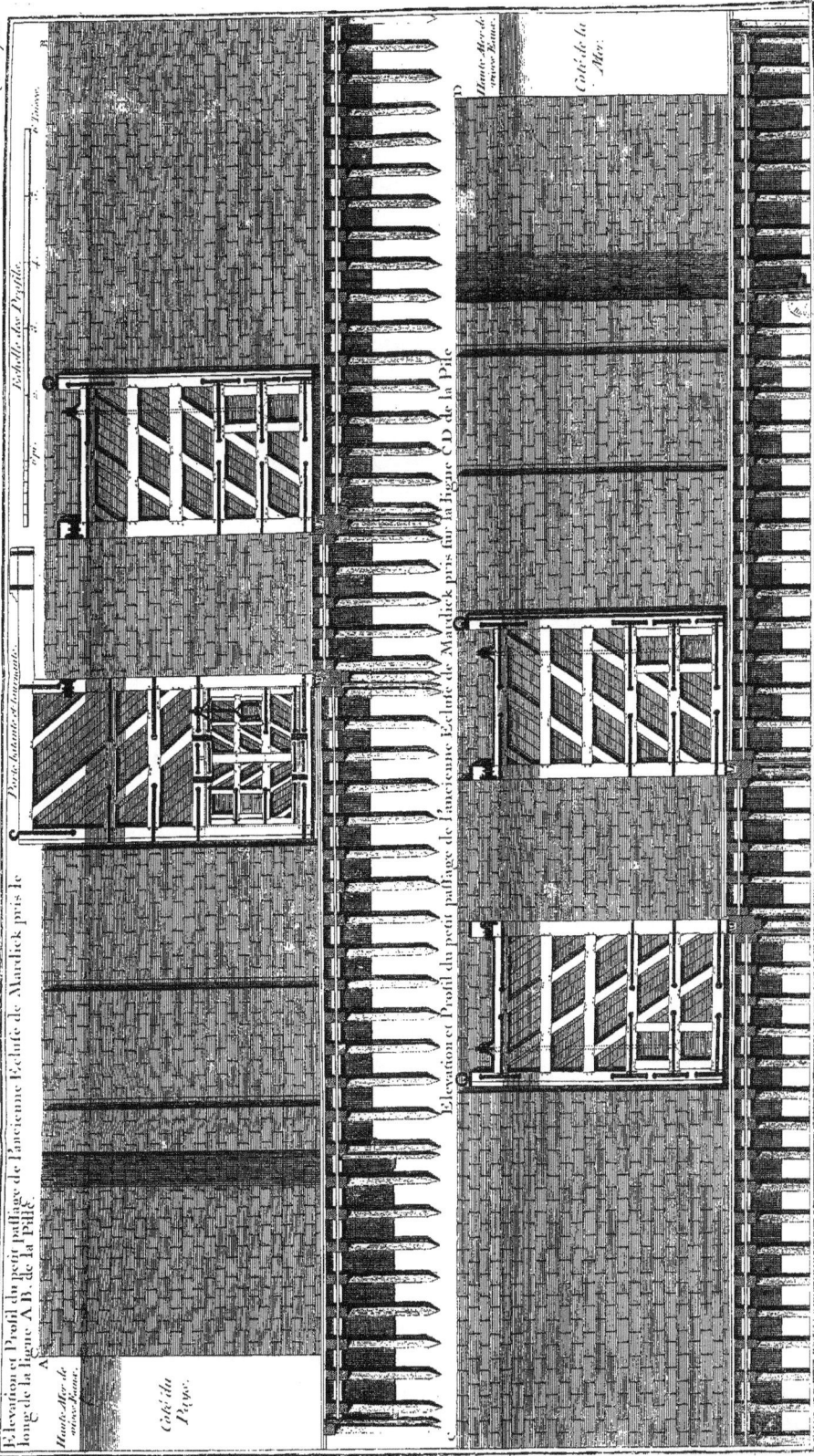

Elevation et Profil du petit paſsage de l'ancienne Ecluſe de Mardick pris le long de la ligne A.B. de la Pille.

Elevation et Profil du petit paſsage de l'ancienne Ecluſe de Mardick pris ſur la ligne CD de la Pile.

Echelle des Profils.

Portes batantes et tournants.

Haute-Mer de vive Eaux.

Côté du Pays.

Haute-Mer de vive Eaux.

Côté de la Mer.

N.º 44.

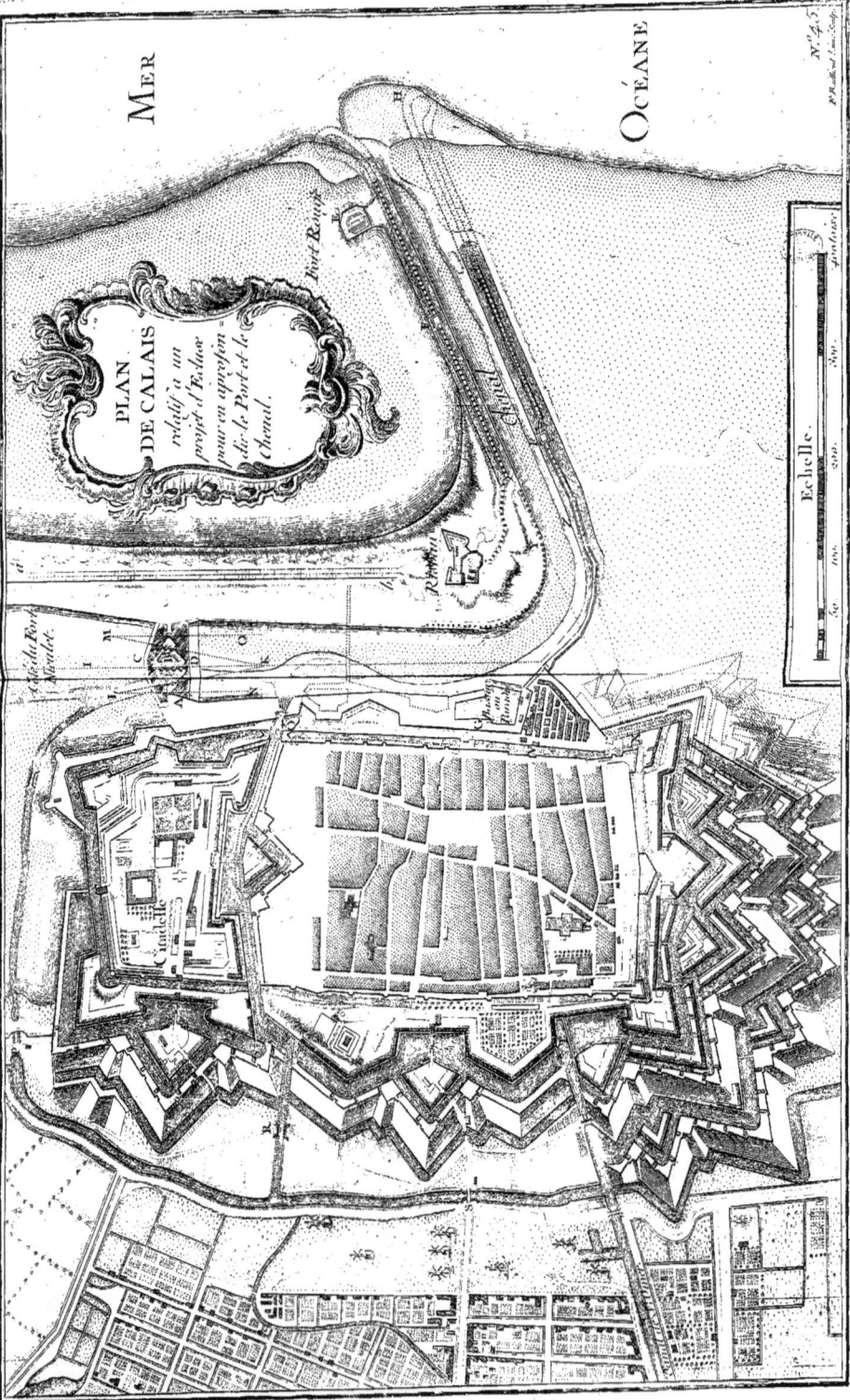

MER

OCÉANE

PLAN
DE CALAIS
relatif à un
projet d'Ecluse
pour en approfon-
dir le Port et le
Chenal.

Port Rouge

Chenal

A celui du Fort
Nieulet

Citadelle

Echelle

N.° 45.

P.ᵉ Rollard fecit Sculp.

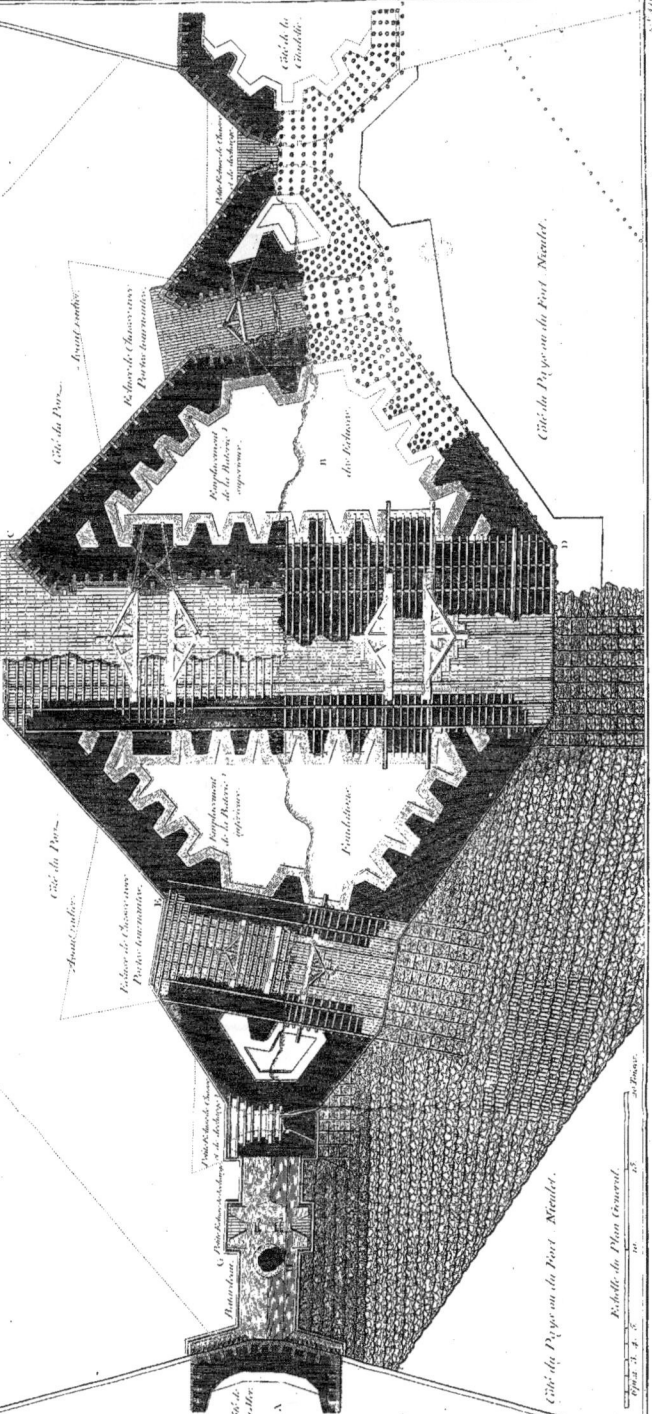

ARCHITECTURE HYDRAULIQUE, II. PARTIE.   Plan du grand projet d'Ecluse de M. le M.al de Vauban pour curer et approfondir le Port de Calais.

Figure 1.re

Côté de la Citadelle.

Côté du Port.

Avant-porte.

Eclure de Chasse avec Portes tournantes.

Remplacement de la Batterie à approuver.

des Bataux.

Côté du Pays ou du Fort Nieulet.

Côté du Port.

Avant-porte.

Eclure de Chasse avec Portes tournantes.

Remplacement de la Batterie à approuver.

Fondations.

Chaussée servant oution les Portes tournantes.

Côté de la Mer.

Côté du Pays ou du Fort Nieulet.

Echelle du Plan Général.

J.Eancis.

ARCHITECTURE HYDRAULIQUE II PARTIE

Profil et Elevation du grand projet des Ecluses et batteries pour Calais,paffant depuis A jusqu'en B du Plan.

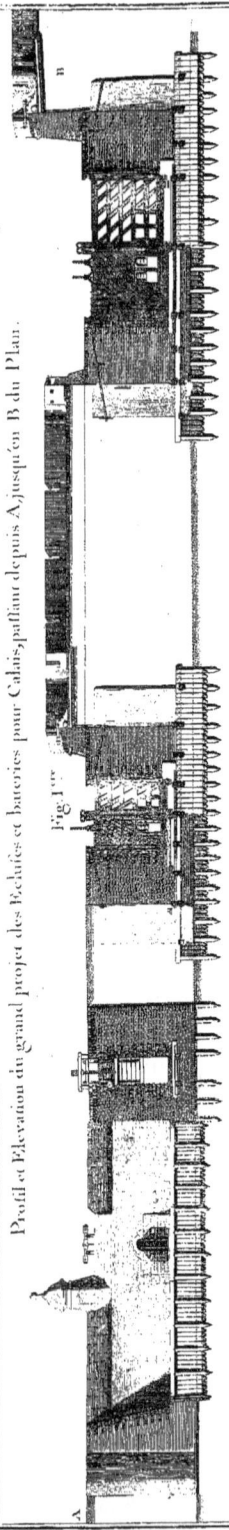

Fig. 1er.

Profil et Elevation des Ecluses et de la batterie superieure paffant par la ligne C,D,du Plan.

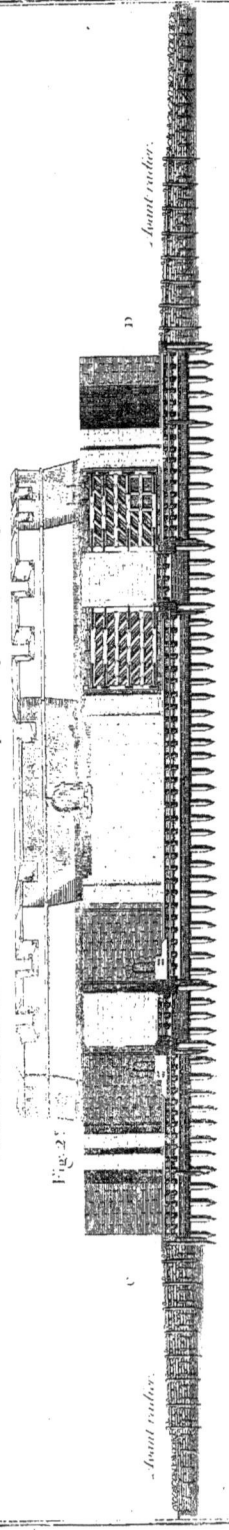

Fig. 2e.

Echelle des Figures de cette Planche.

Profil et Elevation d'une des Ecluses de chaffe du même projet paffant par la ligne F,G.

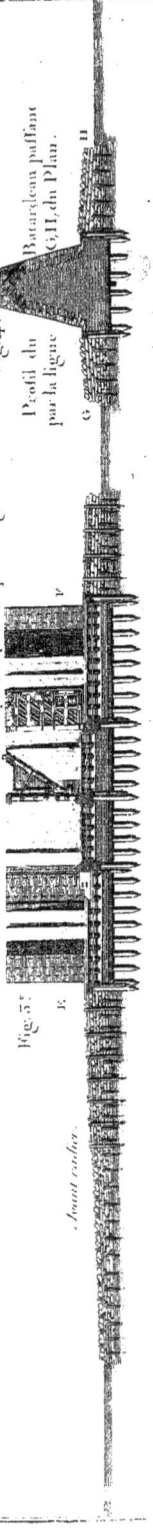

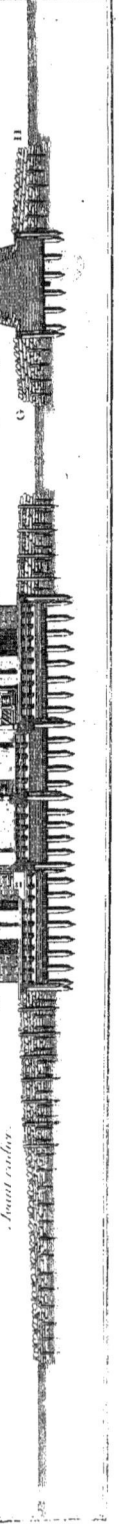

Fig. 3e.

Fig. 4e.
Profil du
par la ligne

Batardeau paffant
G,H, du Plan.

Avant radier.

Avant radier.

ARCHITECTURE HYDRAULIQUE. II PARTIE.

Plan à vûe d'oiſeau des Eclúſes de Muyden qui montre la poſition des Portes batantes et tournantes.

Canal répondant aux Portes tournantes
pour la manœuvre des Eaux.

des Bateaux.

Canal pour le paſſage

Canal répondant aux Portes tournantes
pour la manœuvre des Eaux.

Porte tournante

Porte tournante

Porte tournante

Porte tournante

Côté de la Mer.

Charpente
dormant

Côté du Pont

Côté du Pont Levis

Pont dormant

Pont

Echelle en Pieds de l'Amsterdam valant 11 pouces 5 lignes ¼ de celui de Paris.

50 Pieds.

Développement de la Charpente du Radier des Ecluses de Muydeu tirées de l'embouchure du Yecht qui tombe dans le Zuider-zée à deux Lieues d'Amsterdam &.

Echelle de Douze Pieds d'Amsterdam suivant reponse à l'article de l'échelle de Paris.

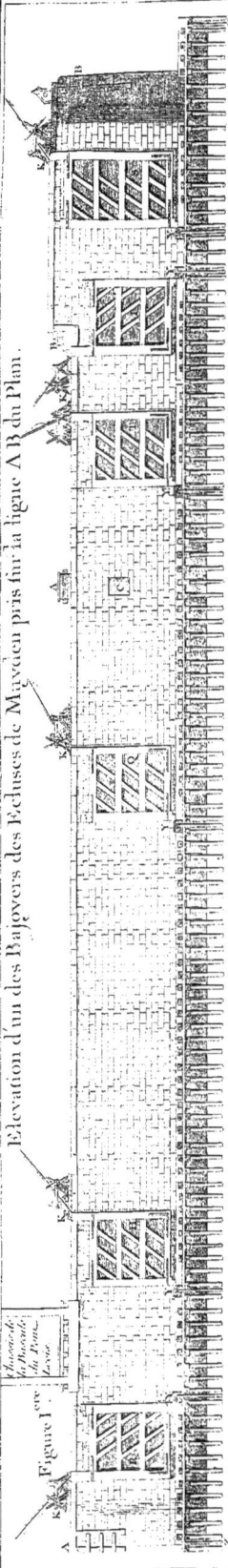

Elevation d'un des Bajoyers des Ecluses de Muyden pris sur la ligne A B du Plan.

Figure 1.ᵉʳᵉ

chaussée du Pont Levis.

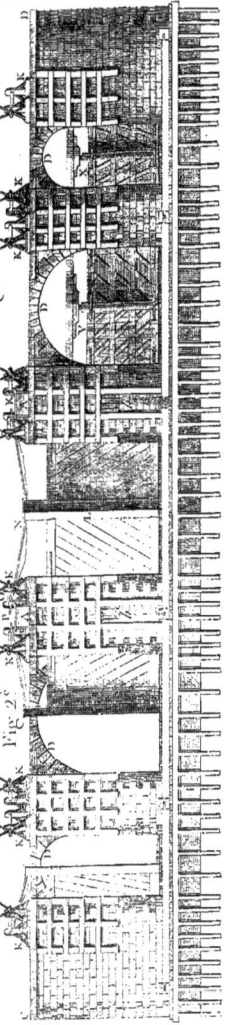

Elevation des Ecluses de Muyden vues en face du coté de la Mer sur l'alignement CD du Plan.

Fig. 2.ᵉ

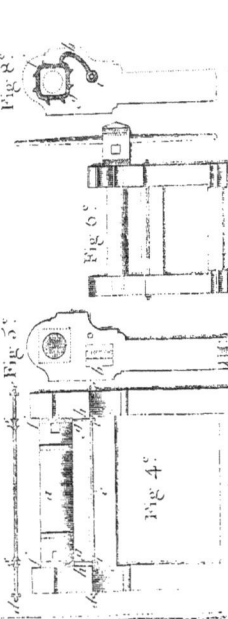

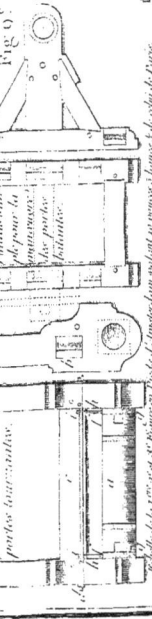

Profil des Ecluses de Muyden, passant par la ligne E F du Plan, pour faire voir l'interieur des portes tournantes considerées du coté du Pays.

Fig. 3.ᵉ

Fig. 4.ᵉ

Fig. 5.ᵉ

Fig. 6.ᵉ

Fig. 7.ᵉ

Fig. 8.ᵉ

Fig. 9.ᵉ

CHAPITRE V.

Sur les propriétés des éclufes qui font aux ports de Cherbourg & du Havre de Grace, avec quelques remarques fur leurs rades.

LES ouvrages qui s'exécutent à Cherbourg m'ayant fourni des fujets d'inftruction que je n'ai fait précédemment qu'entamer (article 314), je vais rapporter ce qu'on peut tirer d'un projet relatif à ce port ; & comme ce n'eft que par la connoiffance des lieux qu'on fe forme une idée jufte des objets qui leur appartiennent, la defcription que je vais faire de cette place, fervira dans la fuite à mieux entendre les morceaux que j'en ai tirés.

522. Cherbourg eft fitué fur la côte la plus feptentrionale de la prefqu'ifle du Coutantin en Normandie, dans une grande baye en forme de croiffant, entre le cap de la Hogue & celui de Barfleur, à 7 lieues d'Aurigny, 9 de la Hogue, 27 du Havre, & à 18 de l'ifle de Wigth & de Porftmouth. Le port eft à l'eft de la ville, où paffe la riviere d'*Yvette*, dont le fond eft de fable. Le chénal eft *nord* & *fud*, entre deux jettées de maçonnerie faites nouvellement.

Situation de la ville de Cherbourg, dans la prefqu'ifle du Coutantin.

PL. LI.

523. Pour des raifons d'Etat, les anciennes fortifications de cette ville furent démolies en 1689 ; ainfi celles que l'on voit fur le plan, ne repréfentent qu'un fimple projet dont l'exécution ne paroît pas éloignée. Voulant aggrandir l'intérieur de la place plus qu'il ne l'eft actuellement, on a fuppofé que la partie qui regardoit l'*eft* feroit diftribuée par cantons, de la maniere qu'on le voit tracé. Pour ne rien confondre, on faura que tout ce qui eft marqué par la lettre *a* exifte effectivement, au lieu que le refte fait partie du projet ; ce qui importe peu, à la vérité, pour la fin que je me propofe, puifque ce que j'en vais déduire ne fera pas moins propre à faire naître des idées générales fur le fujet que je traite, & ce ne feroit point entrer dans mes vues que d'y trouver à redire.

Cette place, anciennement frontiere, a eu fes fortifications en 1689 : celles que l'on voit fur le plan ne font que projettées.

524. Je ne m'arrête point à la fortification, qui femble pécher par la petiteffe de fes fronts, dont on auroit dû réduire le nombre. On remarquera feulement, 1°. que pour couvrir l'entrée de la

Defcription des principaux ouvrages qui ont rapport à

*l'entrée & à
la fortie des
eaux.*
riviere d'*Yvette* dans l'arriere-port, où elle paffe pour fe rendre
à la mer, on a fait les trois ouvrages 36, dont les défenfes réci-
proques, foutenues du corps de la place, font affez bien entendues. 2°. Que l'entrée du port eft défendue par deux tours marquées 4, en forme de petits baftions ifolés, fervant auffi à manœuvrer les chaînes qui le ferment. 3°. Que vis-à-vis les courtines
collatérales il y a deux batteries ayant pour objet d'éloigner
l'accès du rivage ; ce que fait encore plus avantageufement la
lunette 41, fituée fur un rocher qui furmonte de quelques pieds
les plus hautes marées. 4°. Que la tête des jettées eft foutenue
par deux batteries chacune de 20 pieces de canon.

*Pofition des
éclufes qui oc-
cafionnent le
jeu des eaux
de cette place.*
525. Pour juger du jeu des eaux de cette place, on faura que
la grande éclufe A, de 40 pieds de largeur, eft la même que
nous avons décrite dans l'article 321, par laquelle s'écoule la
riviere d'Yvette, qui peut encore fe décharger, quand cette éclufe
eft fermée, en paffant par deux aqueducs de 9 pieds de largeur,
pratiqués de chaque côté fous le rez-de-chauffée BC, ayant
chacun une éclufe de chaffe fermée par des vannes merveil-
leufement difpofées pour curer le port & fon chénal. Pour cela
l'on retient l'eau de la riviere qui fe déborde fur un vafte terrein
OPQRS propre à la tenir en réferve, auffi-bien que celle que la
marée montante peut y dépofer.

*De quelle ma-
niere l'on fait
circuler l'eau
dans les foffés.*
526. Voulant tirer de ce dépôt tout le parti poffible, on fuppofe que l'eau peut fe rendre naturellement dans les foffés de la
place, en fuivant les deux canaux LH, LI ; qu'elle y entre en
paffant par les petites éclufes des batardeaux H, I, pour la faire
circuler autour de l'enceinte, tant pour fa défenfe (comme dans
les articles 69 & 492), que pour curer le chénal par deux nouveaux courans formés des eaux précédentes, dont on jugera de
l'effet dès qu'on fera prévenu de ce qui fuit.

Pour empêcher que les foffés ne fe vuident quand la mer fe
retire, & les maintenir pleins auffi long-tems qu'on le veut, les
tours à l'entrée du port font liées par des batardeaux T aux deux
demi-baftions 15, 30, & avec les jettées par les digues V, fervant
à communiquer des quais X aux jettées, en paffant par les mêmes
tours où l'on a ménagé des forties. On faura qu'au-deffous de
leur rez-de-chauffée l'on a pratiqué deux aqueducs allant des
flancs T aux faces K, par où l'eau fort lorfqu'on leve les vannes
des petites éclufes qui s'y trouvent, comme à ceux qui font aux
deux côtés de la grande A.

Autres éclufes
527. On fuppofe qu'il y a encore une éclufe G placée au

débouché de la rivière dans le baſſin, afin de la contraindre de *placées dans* paſſer par les foſſés, ou afin de maintenir le baſſin à ſec pour le *le fond de l'ar-* curer pendant la baſſe mer; ce qui peut ſe faire auſſi par le ſecours *riere-port...* d'une autre écluſe Y, ſuſceptible de recevoir toutes les eaux, non-ſeulement de la rivière, mais auſſi celles qui ſeroient retenues dans le foſſé H Z L, parce qu'il ſe trouve un aqueduc fermé par une vanne ſous chaque flanc E & F du baſtion 20, où l'on voit la communication D répondant aux trois débouchés Y, E, F. Pour juger de l'utilité de toutes ces écluſes, je vais les reprendre de ſuite, afin d'en montrer l'uſage, en commençant par ce qui appartient à la défenſe de la place.

528. Il eſt évident que ſi l'on tient fermée l'écluſe G, de même que les autres petites H, F, I, les ſeules eaux de la rivière d'Yvette vont inonder auſſi haut que le terrein peut le permettre, le côté méridional de la place, & celui qui regarde l'orient, juſques vis-à-vis l'angle ſaillant de la demi-lune 33, où il ne reſtera à l'ennemi qu'un petit front entre l'inondation & la mer, d'autant plus difficile à attaquer que ſes travaux ſe trouveront plus reſſerrés, ſans pouvoir jamais ſaigner les eaux, puiſqu'indepen-damment de la rivière, celles de la mer peuvent les augmenter deux fois en vingt-quatre heures. Il n'y a donc que le côté occi-dental qui paroît lui être moins défavorable; mais après avoir bien diſputé le chemin couvert, de quelle chicane les foſſés des ouvrages qu'il voudra attaquer ne ſeront-ils pas capables, pou-vant être mis à ſec & inondés alternativement par une ſource inépuiſable d'eau, tirée tantôt de l'inondation par l'écluſe du batardeau H, & tantôt de la mer par le baſſin & le débouché E? C'eſt pourquoi l'on pourroit ſe paſſer du pertuis que comprend le batardeau précédent, dont l'écluſe ſeroit fort expoſée à être battue du canon; d'ailleurs on peut y ſuppléer d'autant mieux, que le débouché F reçoit les eaux de la rivière, qui étant gon-flées, paſſent naturellement dans le foſſé, &, ſi l'on veut, dans le baſſin. Il réſulte donc que le front qui intéreſſe le plus l'en-nemi, eſt celui de la porte du fauxbourg, qui a d'ailleurs le déſavantage d'être commandé de fort près; mais il n'en ſera pas moins incommodé des eaux, puiſque les écluſes qui les font jouer ſont hors d'atteinte, ne croyant pas qu'on puiſſe placer plus heureuſement celles qui répondent au flanc. J'ai été bien aiſe de rapporter cet exemple, que j'aurai lieu d'appliquer dans le ſecond volume, en parlant du parti que l'on peut tirer des eaux pour la défenſe des places.

De quelle manière on peut ſo mer une inonda-tion en ret-nant la rivière d'Yvette, ou en ſe ſervant des eaux de la mer.

529. Si l'on réfléchit fur la pofition avantageufe qu'ont ici les éclufes relatives au port, on fentira le grand effet dont elles font capables pour le bien curer. Ouvrant la grande du milieu A pour faire jouer l'autre G, auffi-tôt que la mer en fe retirant n'aura laiffé que deux ou trois pieds de hauteur d'eau dans le baffin, celle de la retenue en creufera le fond fur une certaine largeur qu'on peut étendre auffi loin qu'on voudra, en dirigeant fon courant tantôt à droite & tantôt à gauche, par le moyen des pontons & autres machines imaginées pour cela, qu'on trouvera décrites dans le fecond Volume. Alors l'eau du baffin fe chargera du fable qui aura été détaché, & l'emportera à la mer à mefure qu'elle achevera de fe retirer; au lieu que fi l'on attendoit qu'elle le fût entierement pour faire jouer l'éclufe G, la plus grande partie du même fable fe dépoferoit fur les côtés. Il eft vrai qu'ici cela ne peut arriver que vers l'eft, parce que l'éclufe Y, que la figure du baffin a occafionnée, ne permettroit pas qu'il fît un long féjour de fon côté, par la chaffe qu'elle lui donneroit en creufant à fon tour la partie qui lui répond; ayant vu précédemment que cette éclufe pouvoit recevoir les eaux de la retenue & celles du foffé HTZ. Il fuit que malgré l'extrême étendue de ce baffin, il acquérera fucceffivement une profondeur égale à celle du radier de la grande éclufe, qui eft ordinairement furmontée de 17 à 18 pieds d'eau, lorfque la mer étale de haut.

530. Par de femblables manœuvres on approfondira de même le port, en faifant jouer pendant fix heures de fuite, enfemble ou féparément, les trois éclufes C, A, C, qui feront un très-grand effet, vu la bonne direction qu'on a donnée aux deux petites pour agir fur la largeur.

Cependant pour curer le chénal avec plus de fuccès encore, & empêcher que les fables ne forment des dépôts vers la naiffance de l'eftran, on a placé les deux éclufes de chaffe K, qui fe trouvant rapprochées d'environ 250 toifes de la laiffe de baffe mer, ne manqueront pas de pouffer le chénal beaucoup plus loin que la tête des jettées, fur une profondeur capable de recevoir les vaiffeaux du fecond ordre qui chercheront un abri dans l'avant port.

531. C'eft fans doute dans ce deffein qu'on travaille actuellement à prolonger les jettées plus loin qu'elles ne font marquées fur le plan, afin de rendre ce port capable de tous les avantages dont il eft fufceptible, tant pour la marine du Roi que pour le

ommerce. Il n'eſt point de mon ſujet d'en expoſer les conſé-
uences; il ſuffit, pour en juger, de connoître la richeſſe du
projet dont le Roi a ordonné l'exécution. Eſt-il rien de plus
magnifique en effet que ſon baſſin, qu'on peut rendre capable
de contenir plus de quatre cens navires, & des frégates de cin-
quante canons, ſi néceſſaires ſur cette côte pour protéger en
tems de guerre les vaiſſeaux commerçans, dans le dangereux
paſſage de la Manche? Il eſt vrai que ce port ne ſera point propre à ceux du premier rang; mais ce déſavantage s'évanouit,
quand on conſidere qu'ils ne peuvent avoir lieu à ſon égard, à
cauſe de la quantité d'écueils qui ſe rencontrent le long des
côtes voiſines, & que d'ailleurs ils ſont inutiles pour les garder.
En récompenſe, ſi on en examine la rade, on conviendra qu'il
eſt rare d'en voir une plus prochaine, ni plus propre à mettre à
couvert une armée navale.

Deſcription de la rade du port de Cher-bourg.

532. Je ſuppoſe qu'on n'ignore point qu'une *rade* eſt un lieu
à quelque diſtance de la côte, où les vaiſſeaux à l'abri des vents,
trouvent un fond de bonne tenue, c'eſt-à-dire capable de recevoir l'ancre, où ils mouillent ordinairement en attendant le
vent ou la marée propre pour entrer dans le port prochain, ou
bien pour faire voile. Telle eſt la rade de Cherbourg, ſituée vis-
à-vis du port; elle s'étend d'une lieue & demie vers le nord, ſur
à peu près autant de largeur, entre la pointe de *Hommet* & la
côte de *Tour-la-ville*. Le fond en eſt de ſable & d'argile, allant
en pente du ſud au nord, ce qui fait que les vaiſſeaux tiennent
bien à l'ancre & ne peuvent chaſſer. L'on y mouille à peu de
diſtance de terre, par 8 à 12 braſſes de profondeur, & plus loin
à 15, 20 ou 30, ſuivant que le fond s'écarte du rivage. L'iſle
Pelée la couvre au nord-eſt; elle eſt à l'abri de tous vents, excepté de ceux du nord & nord-oueſt, qui ſont vents arrieres
pour entrer dans le port.

On arrive dans cette rade par deux paſſages; l'un à l'eſt, qui
n'a qu'un quart de lieue de largeur; & l'autre vers l'eſt, qui a
plus d'ouverture. Ils ſont défendus par la redoute de *Tour-la-ville*,
les forts d'*Equeurdreville*, du *Galet* & de l'*Onglet*. Ajoutant à
ces défenſes celles que l'on tirera des ouvrages que l'on doit faire
pour rendre cette rade plus reſpectable encore, elle deviendra
le meilleur port du Royaume pour les armées navales. Mais en
voilà aſſez de dit ſur cet article, auquel je ne me ſuis arrêté que
dans le deſſein de donner une idée des propriétés qui conviennent à une bonne rade.

Je paſſe à l'examen des éclufes du Havre-de-Grace, afin de familiariſer les commençans avec le meilleur uſage qu'on en peut faire dans les ports, pour les préſerver des inconvéniens où les expoſe quelquefois leur ſituation. La plûpart feroient bientôt comblés, ſi l'art n'étoit ſans ceſſe employé à remédier aux accidens de la nature.

Diſſertation ſur le jeu des eaux du Havre-de-Grace.

PL. LII.

Animé, comme je le fuis, du defir de former de bons éleves pour le genre de travaux que j'enfeigne, je me reprocherois de ne pas mettre à profit les occaſions d'accroître leurs connoiſſances, puiſque ce n'eſt qu'en raiſonnant ſur ce qui s'eſt pratiqué de bien ou de mal entendu dans les différens ports où j'ai puiſé des inſtructions, que je puis en déduire des maximes judicieuſes; & comme le Havre-de-Grace m'a ſuggéré des remarques qui peuvent avoir leur utilité, je vais les expoſer, dans l'eſpérance qu'elles tourneront peut-être au bien de l'Etat.

Origine & progrès du Havre-de-Grace commencé par François I. Conſequence de ce port.

533. Le Roi François I commença en 1509 à fortifier cette Ville, dont les travaux furent alternativement interrompus & continués fous les regnes ſuivans, juſqu'à celui de Louis XIII, qui les finit par la citadelle; & Louis le Grand y fit conſtruire un baſſin pour fa marine, avec tous les ouvrages convenables à l'entretien du port. Sa poſition à l'embouchure de la Seine, qui le rend l'entrepôt du commerce de France avec fes Colonies & les autres pays étrangers, dont les marchandiſes remontent à peu de frais juſqu'à Paris, l'a fait regarder juſqu'ici comme un des plus importans du Royaume. Il eſt le ſeul dans la Manche qui garde la pleine mer près de trois heures, ce qui facilite beaucoup l'entrée & la ſortie des vaiſſeaux. Je n'entre point dans le détail des cauſes qui lui donnent cet avantage, ni du grand intérêt que l'on a de l'entretenir en bon état; mais comme les moyens dont on s'eſt ſervi pour y parvenir n'ont eu qu'un ſuccès de peu de durée, il n'eſt pas indifférent d'en examiner la cauſe, & les moyens d'y remédier.

Accident ſurvenu à l'embouchure de ce port par le galet qui s'y amaſſe. Ce que c'eſt que galet.

534. Un coup d'œil ſur la carte que je rapporte, fera voir que fon chénal eſt naturellement dirigé vers le *ſud-oueſt*, & que c'eſt par accident ſi l'entrée ſe trouve tournée du côté d'*oueſt* par un banc de galets qui rend cette entrée fort étroite & très-dangereuſe, les vaiſſeaux étant expoſés à échouer derriere la jettée A par les coups de vent d'oueſt. Pour en connoître l'origine, on

Pl. LII.

aura qu'on nomme *galets* certains cailloux qui se détachent des ʾalaises, principalement depuis le Havre jusqu'à la *Heve*, où ils ont en plus grande abondance que par-tout ailleurs. La marée montante les charrie & les dépose à l'entrée des jettées & dans ʾembouchure de la Seine ; ce qui arrive toujours lorsqu'ils renontrent des courans qui les chassent d'un sens opposé à celui où ls sont portés. Il n'est pas croyable à quel point les ports de Normandie en sont incommodés ; ils s'y amassent en si grande quantité, que si les éclufes ne leur donnoient continuellement la chasse, les ports en seroient bientôt tout-à-fait barrés. Négliger ʾen faire usage aussi fréquemment qu'il convient pour prévenir :e mal, quand on est chargé d'y veiller, seroit manquer à l'État ; l n'y a point d'égard ni de considération pour les intérêts des ʾarticuliers qui en souffriroient quelque dommage, qui puisse en lifpenfer.

535. Ce port ayant toujours été sujet au même inconvénient, ʾn y fit autrefois des écluses situées le plus avantageusement qu'il fût possible pour détruire les dépôts de galets à mesure qu'ils se ʾe formeroient. La plus près du chénal est placée en D, à la racine de la jettée A, proche la tour de François I, à l'endroit du foffé de la place. Elle est composée de trois paffages, chacun de sept pieds, séparés par des piles dont la direction est oblique, pour raccorder, autant qu'il a été possible, le courant de cette éclufe avec celui du chénal ; mais comme le foffé qui lui fui fert de réfervoir n'a que peu de profondeur, elle n'a jamais produit qu'un médiocre effet. Plus loin est une autre E de 40 pieds de largeur, à l'entrée du baffin des vaiffeaux du Roi, qui n'a que des portes d'hébes, dans lesquelles on a ménagé des vannes pour curer le port ; ce que peut faire auffi une troifieme éclufe F de 15 pieds de largeur, fituée au fond du baffin, pour y introduire l'eau des foffés de la place. Il en est encore une quatrieme G de 18 pieds, fermée par trois vannes, fur la chauffée qui facilite la communication de la ville avec la citadelle. Cette éclufe, que l'on nomme *de la Barre*, est celle dont on fait actuellement le plus d'ufage pour curer le port & le chénal, fans pourtant détruire le banc de galet qui est à fon entrée, à caufe de fon grand éloignement, & du peu d'eau qu'elle reçoit en réferve à la marée montante. Enfin il y en a une cinquieme H répondant au foffé de la citadelle, qui lui fert de réfervoir pour la même fin, du moins ç'a été fon objet ; mais il n'est pas rempli, cette éclufe ne s'ouvrant qu'une fois l'année pour la pêche

Pofition des' éclufes du Havre pour l'entretien du port.

du poiſſon que le Lieutenant de Roi conſerve dans le même
foſſé.

Changement ſurvenu à ce port depuis le commencement de ce ſiecle.

536. Rien de mieux entendu que la diſtribution de ces écluſes,
principalement les trois G, H, D, qui ſe ſuccedent en appro-
chant du chénal, ſur lequel elles agiſſoient merveilleuſement à
la fin du ſiecle paſſé, n'ayant alors que 70 toiſes de longueur en
partant de la tour de François I, au lieu qu'il en a actuellement
plus de 200 : auſſi étoit-il dans ce tems-là en bien meilleur état,
parce que toutes les écluſes ſans exception jouoient fréquemm-
ment, tantôt enſemble & tantôt ſéparément, ſelon que la néceſſité l'exigeoit pour le plus grand effet. Cependant comme elles
ne produiſoient point encore tout ce qu'on en avoit eſpéré,
faute d'être nourries par une aſſez grande abondance d'eau pour
qu'elles pûſſent agir pendant cinq ou ſix heures de ſuite, M. le
Maréchal de Vauban, toujours fertile en reſſources, fit faire un
canal partant d'*Harfleur*, petite ville à une lieue & demie du Havre, où paſſe la riviere de *Montiviller*, pour en conduire les eaux
dans les foſſés de la place.

Propriétés du canal d'Har-fleur, conſtruit exprès pour curer le port, mais dont on n'a pas con-tinué l'uſage.

537. Ce canal, de trois mille quatre cens toiſes de longueur,
de dix de largeur, ſur 6 à 7 pieds de profondeur vers ſon origine, & dont le fond vient en pente aboutir à celui du foſſé, fut
achevé quelque tems avant la mort de M. Colbert, qui en avoit
ſenti toute la néceſſité. Ce Miniſtre ſe rendit exprès ſur les lieux
avec M. de Vauban pour en voir l'effet, qui répondit parfaitement à ce qu'on s'en étoit promis. Pourroit-on croire qu'au
bout de quelques années on ceſſa tout à coup d'en continuer
l'uſage, ſans qu'on en puiſſe ſavoir la raiſon, qu'on ne ſauroit
attribuer à des égards pour des moulins marqués O à l'entrée
d'Harfleur, puiſque ces moulins, plus anciens que le canal, n'ont
pas été un obſtacle à ſon exécution. Cependant on ne peut diſ-
convenir qu'on n'en tirât un avantage infini, ſur-tout ſi les
foſſés de la place étoient approfondis autant qu'ils devroient
l'être pour contenir 15 pieds d'eau, hauteur de la charge des
écluſes précédentes, les marées montant ordinairement de 16
pieds dans le port. Il n'eſt donc pas ſurprenant que le chénal ait
été en dépériſſant depuis le commencement de ce ſiecle, parce
que, ſelon de fort habiles gens qui en ont reconnu la cauſe, on
n'a point fait ce qui convenoit de mieux pour y remédier : c'eſt
ce qu'il faut examiner.

Inutilité des travaux que l'on a fait

538. Les marées montantes charriant, comme nous l'avons
dit, de l'oueſt à l'eſt une grande quantité de galets, on fit anciennement

ciennement avec des dépenses immenses, une suite d'*épis* de
charpente Q, depuis la *heve* jusqu'au port, pour les arrêter en
chemin, ce qui réussit pendant quelques années; mais après
qu'ils les eurent couverts ils les dépassèrent, se portèrent, comme auparavant, contre la jettée d'ouest A, où après s'être accu-
mulés ils en débordèrent la tête, en formant un banc dont l'ac-
croissement continuel menaçoit de barrer le port. Pour y remédier on crut qu'il n'y avoit pas d'autre moyen que de prolonger
cette jettée, élevée de 30 pieds en maçonnerie, mais on en
sentit bientôt l'inutilité. Les galets s'y amassèrent tout de nouveau, produisirent encore à l'entrée du chénal l'effet des premiers, en rendant la passe également difficile. Ainsi toutes les
dépenses que ces travaux ont occasionné depuis 40 ans, n'ont
abouti qu'à rendre les choses dans l'état où elles sont aujour-
d'hui, c'est-à-dire d'avoir à la tête de la même jettée un prodigieux amas de galet, dont le progrès va toujours en croissant,
parce que les écluses n'ont plus assez de chasse pour les emporter, leur courant se trouvant amorti avant que d'y arriver ; ainsi
l'on peut dire qu'en prolongeant cette jettée l'on a accru le mal
au lieu de le détruire.

539. On peut objecter que si cette jettée n'avoit pas été prolongée comme on l'a fait, il y a long-tems qu'on seroit dans le
cas où l'on se trouve aujourd'hui, & que le galet auroit bouché
le port ; mais ceux de qui je tiens mes remarques prétendent que
cela ne fût point arrivé, 1°. si l'on avoit tiré des écluses tout le
parti de leur destination, en les lâchant toutes à la fois de tems
à autre, pour rendre le courant capable d'un choc plus violent,
& ne pas les réduire à celle de la barre G : 2°. si l'on s'étoit appliqué à empêcher leur courant de diverger, & qu'on l'eût assu-
jetti à suivre la direction la plus commode à l'entrée des vaisseaux : 3°. si enfin, au lieu d'avoir employé des sommes immenses à reculer le mal, on s'en fût servi pour mettre en bon
état la retenue des eaux, en approfondissant les fossés de la
place, dont le déblai des terres auroit été utilement employé à
former de nouveaux dehors. A quoi ils ajoutent qu'il falloit bien
se garder d'arrêter le galet en prolongeant la jettée, mais au
contraire le laisser courir au hasard dans l'embouchure de la
Seine, qui auroit rejetté, comme autrefois, sur l'estran I, où
par la suite il eût préservé les campagnes voisines du tort que la
mer leur fait. Qu'à l'égard de celui qui se fût amassé à l'entrée du
port, les écluses bien fournies d'eau ne l'y eussent pas laissé long-

*au Havre pour
empêcher le
tort que cau-
sent au chénal
les amas de
galet.*

PL. LII.

*Frivole ob-
jection aux re-
marques pré-
cédentes.
Réponse à la
même objec-
tion.*

PL. LII. tems, parce que le courant partant de l'éclufe de la Barre, n'a-
voit point, comme aujourd'hui, cinq cens toifes de chemin à
parcourir pour arriver au terme d'opérer ; ce qui eft caufe qu'il
ne lui refte plus affez de force, & qu'il ne fait pour ainfi dire que
gliffer fur le banc de galet, qui a eu le tems de fe confolider par
le fable qui s'eft introduit dans fes interftices. La preuve eft que
dans le tems des baffes marées on eft obligé d'en enlever le plus
qu'il eft poffible à force de bras, autrement la paffe ne tarderoit
point à devenir impraticable : d'où ils concluent qu'il feroit à
fouhaiter que cette fâcheufe jettée fût reftée à la hauteur où elle
étoit ci-devant. Le port ne fe trouveroit point reculé dans les
terres, comme il l'eft, par les dépôts que la mer a formé fucceffivement le long du rivage, au point que l'ancienne tête K de la
jettée d'eft, qui répondoit il y a foixante ans à la laiffe de la baffe
mer, s'en trouve éloignée actuellement de deux cens toifes ; car
cette jettée a auffi été prolongée de la partie KB, mais avec plus
d'économie que la précédente.

Comme il n'y a point de doute que ces dépôts ne continuent à
gagner fur la mer à mefure qu'ils s'épaiffiront, il eft à craindre
que le port ne devienne fi reculé dans la fuite, que fon entrée ne
fera plus praticable, parce que les éclufes feront entierement inutiles. C'eft fans doute faute d'induftrie de la part des anciens,
que l'on voit des veftiges de fameux ports qui fe trouvent aujour-
d'hui fort éloignés de la mer, ce qui ne fût peut-être point arrivé s'ils euffent eu la connoiffance des éclufes ; mais à préfent
que l'on en a éprouvé toute l'utilité, ferions-nous excufables de
n'en pas faire le meilleur ufage qu'il eft poffible ? Cependant,
comme ce qui arrive de fâcheux au Havre-de-Grace n'eft point
fans remede, il nous refte à rapporter ce qu'on peut faire de
mieux pour détruire le mal préfent & en prévenir les fuites, obfervant que mon deffein n'eft point de donner des inftructions
aux habiles gens du métier ; je ne dis rien qu'ils ne fachent mieux
que moi, auffi n'eft-ce point à eux à qui le difcours fuivant s'a-
dreffe, mais feulement aux éleves pour qui j'écris.

*Méthode pour
couper les
bancs de galet
ou de fable qui
bouchent l'en-
trée d'un port
de mer.*

540. Voulant déboucher un port, dans le cas de celui du Havre, il faut au tems des mortes eaux faire un double clayonnage,
pour que l'un renforce l'autre, depuis la tête de la jettée A, jufqu'en dehors du banc, en fuivant l'alignement TR, le plus convenable à l'entrée des vaiffeaux. On obfervera que le fommet de
ce clayonnage n'excede que de 8 pouces au plus la furface du
banc, excepté dans la largeur VT de la paffe, où l'on fe gouver-

nera felon fa profondeur, afin d'y avoir une efpece de cloifon contre laquelle puiffe s'arrêter le galet que les marées montantes y apporteront. Sa fucceffion ne manquera pas de former en peu de jours un batardeau, qui empêchera le courant des éclufes de s'échapper davantage de ce côté-là. C'eft à quoi il faut donner toute fon attention, autrement on ne réuffiroit point. Pour plus de folidité l'on pourra, au lieu de clayonnage, planter en cet endroit une file de petits pilots pofés près à près. Il faut faire de même du côté de l'eft un fecond clayonnage CS pareil au précédent, fans qu'il foit néceffaire de partir de l'extrêmité de la jettée B, à caufe de l'énorme monceau de galet qui s'y eft amaffé dans l'efpace CB, qu'on peut laiffer, vu la prolongation AT de l'autre A.

Cela pofé, l'on divifera la largeur RS en quatre parties égales marquées par trois piquets, dont chacun des extrèmes fixera le milieu d'un canal de 12 à 15 pieds de largeur, que l'on ébauchera à la main felon une direction parallele au clayonnage le plus prochain. Ce travail demande d'être exécuté avec toute l'activité poffible, dans le tems même que l'on fera jouer l'éclufe de la barre G, afin que fon courant emporte au loin à la mer le galet que les pionniers auront détaché. On continuera de la forte pendant plufieurs jours de fuite, tant que le même courant fe foit déterminé à ne plus fuivre que les deux canaux précédens. Ainfi, fuppofant qu'on veuille donner 40 toifes de largeur au nouveau débouché, le milieu de chacun des canaux fe trouvant éloigné de 10 toifes de fon clayonnage, le courant n'en dégradera point le pied, & il reftera dans l'intervalle des deux milieux une largeur de 20 toifes.

541. Lorfque les canaux feront fuffifamment formés pour affujettir le courant à fe divifer en deux bras, on en augmentera la violence en faifant jouer à chaque marée toutes les éclufes enfemble ; alors il ne manquera pas de ronger, s'il eft permis de fe fervir de ce terme, le fond & les bords des deux canaux qu'il enfilera, dont la largeur & la profondeur iront toujours en croiffant. Que fi le galet fe trouvoit tellement lié avec le fable, qu'il fallût de tems en tems le détacher pour aider le courant, il faudra ne point épargner les pionniers. Le noyau qui fépare les deux canaux diminuant de plus en plus, il viendra un tems où ils n'en formeront plus qu'un feul, dont les bords gagneront infenfiblement les clayonnages. Comme le courant aura d'autant moins de force que le canal deviendra plus large, il faudra le diriger

Ufage qu'on doit faire des éclufes pour remplir l'objet précédent.

tantôt d'un côté & tantôt de l'autre, en se servant de l'ingénieuse

PL. LII. machine que M. Castin a fait construire autrefois au Havre, dont on trouvera la description dans le second volume. D'ailleurs , que ne doit-on point attendre de la capacité & de l'expérience des Ingénieurs de cette place, eux qui connoissent mieux que personne la nécessité de tout ce que je viens d'exposer. Le succès n'en sauroit être douteux, puisque M. le Cloutier, Ingénieur en chef de *Fécamp*, vient d'en faire l'expérience la plus avantageuse. Le port de cette place étoit entierement barré ; en suivant la méthode que je viens d'enseigner, & que je tiens de lui, il l'a débouché en très-peu de tems, par le bon & continuel usage qu'il a fait des écluses, dont on avoit peut-être négligé de se servir avant lui aussi fréquemment qu'il l'auroit fallu.

Le chênal du Havre ne peut être rétabli qu'en approfondissant les fosses de la place, & en faisant usage du canal de Harfleur.

542. Au reste on ne doit pas se flatter qu'on parvienne à rétablir le chênal du Havre dans sa vraie direction, si l'on ne rassemble en même tems la plus grande abondance d'eau qu'il est possible pour le bon effet des écluses. Elles ne sauroient jouer trop souvent pour l'approfondir successivement, & jetter au loin le galet à mesure que les marées en déposeront de nouveau , comme on a fait à Fécamp. On y a vu les écluses agissant pendant 6 heures, en emporter des amas de 6 pieds de hauteur , assemblés après une tempête. Je répéterai encore que les seuls moyens d'y parvenir, sont de creuser tous les fossés aussi bas que le radier des écluses, & de rétablir le canal de Harfleur à sa véritable destination, en nettoyant la partie qui a besoin de l'être. On peut encore le rendre d'un meilleur usage qu'il ne l'étoit autrefois, en y faisant passer toutes les eaux de la Lézarde, composée de la réunion des rivieres de *Gournay* & de *Montiviller*, ce canal n'étant éloigné de la Lézarde que d'environ 12 toises à l'endroit Y qu'il faudra couper; au lieu qu'aujourd'hui cette riviere va en pure perte se jetter dans la Seine. Comme les digues de ce canal sont en bon état , avec une médiocre dépense on pourroit le rendre capable de devenir lui-même un vaste réservoir, que la mer rempliroit lorsque les eaux de la riviere ne seroient point assez abondantes pour suffire à la consommation des écluses.

Remarque sur ce qui cause la mauvaise rade du Havre.

543. Il paroît d'autant plus essentiel de ne rien épargner pour mettre le port du Havre en bon état, que tout le monde sait que la rade en est fort mauvaise, son fond étant composé de tuf où l'ancre ne peut tenir. Il est d'ailleurs rempli de ce que les marins appellent *haut fond*, composé ici de petits bancs de sable que la riviere de Seine dépose dans le tems de la basse mer ; ainsi

ancres ne pouvant foutenir la violence des courants & des
ps de vent, qui font ordinaires dans les nouvelles & les
ines lunes, les vaiffeaux qui fe trouvent alors dans cette rade
.t en danger d'aller périr à l'embouchure de la Seine ou contre
côte, faute de pouvoir entrer dans le port.

CHAPITRE VI.

Des Eclufes fermées par des vannes.

N'AYANT parlé que fort fuperficiellement de l'ufage des
vannes pour retenir les eaux, afin de ne les lâcher que fe-
•n la néceffité, je vais examiner dans ce chapitre tout ce qui
:ut leur appartenir. Sur quoi ne trouve-t-on point matiere à
.ifonner, quand on veut prendre la peine d'examiner les chofes
e près ? On eft étonné d'appercevoir que les plus communes
•nt quelquefois celles qui méritent le plus d'attention pour être
xécutées comme il faut : c'eft le cas où fe trouvent les vannes
onfidérées avec leurs agrès. Pour commencer par ce qu'elles
ffrent de plus fimple, je vais décrire l'éclufe que repréfente la
l. LIII, exécutée fur l'*Efcaut* à la citadelle de *Valenciennes*, &
:rvant à former la grande inondation ; ainfi elle donnera un
xemple pour un cas pareil, indépendamment des autres ufages
u'on en peut faire quand on voudra foutenir les eaux d'une ri-
iere, dans le deffein de les affujettir à faire tourner des roues de
10ulins propres au befoin de la vie, ou à mouvoir les inftrumens
.'une manufacture.

544. Après tout ce que j'ai enfeigné fur la maniere de fonder
es grandes éclufes à l'ufage des ports de mer, il eft à préfumer
u'un lecteur attentif ne fera pas embarraffé pour établir celles
iont il s'agit préfentement ; c'eft pourquoi je ne m'y arrête
•oint. Les motifs de précaution font les mêmes, eu égard à la
ualité du terrein, au bon emploi des matériaux, à la pofition
es files de palplanches, à l'endroit de la retenue des eaux, & à
out ce que l'on doit obferver pour la folidité de l'ouvrage, prin-
:ipalement des vrais & des faux radiers, afin qu'ils fe foutiennent
ong-tems contre l'impétuofité du courant.

Cela fuppofé, on verra fur la Planche dont il s'agit, que la
argeur de l'Efcaut à l'endroit de l'éclufe, a été réduite à 63 pieds

Defcription
d'une éclufe
conftruite à la
citadelle de
Valenciennes,
propre à for-
mer des inon-
dations.

PL. LIII. entre les bajoyers CD, EF; que cette largeur se trouve partagée en quatre voies par trois piles de maçonnerie chacune de 5 pieds 8 pouces d'épaisseur, faisant ensemble 17 pieds de plein, qui étant retranchés de 63, reste 46 pour le passage des eaux, par conséquent pour l'espace que les vannes doivent occuper ensemble. Voulant en déterminer le nombre en conséquence d'une largeur de 4 pieds, qui est celle où il convient de les borner en pareil cas, pour que la manœuvre n'en soit pas trop incommode, on en a employé 10, faisant ensemble 40 pieds de largeur, parce qu'il falloit au moins les six restant pour l'espace qu'occupent les poteaux destinés à les soutenir.

On ne pouvoit rien faire de mieux que de régler la largeur des voies, de maniere qu'elles pussent contenir alternativement deux vannes & puis trois, afin de ne pas trop retrécir le passage de la riviere par une quatrieme pile qu'il auroit fallu, si l'on avoit voulu s'assujettir à rendre les voies égales, pour les fermer chacune par deux vannes; ce qui auroit peut-être nui au pays dans le tems des grandes crues d'eau, faute d'un débouché suffisant. Si au contraire on n'avoit fait que deux piles, pour n'avoir que trois voies fermées chacune par autant de vannes, on ne l'auroit pu faire sans donner aux mêmes vannes près de 4 pieds 6 pouces de largeur, ce qui les auroit rendu trop difficiles à lever. D'où il résulte que dans les cas qui paroissent les plus indifférens, la prudence trouve à s'exercer sur le meilleur parti qu'il convient de prendre, selon les circonstances qui accompagnent les lieux.

Dimensions des pieces de charpente convenables à l'écluse précédente. 545. Après cette légere explication, il me reste peu de choses à dire sur cette écluse; on fera seulement attention que chaque travée AB représentée au profil, aussi-bien que le pont G pour passer d'une pile à l'autre, doit être composée de pieces d'une force proportionnée à la charge de l'eau. Par exemple, supposant qu'une pareille écluse doive soutenir au besoin 8 à 9 pieds de hauteur d'eau, on fera les patins OP de 12 sur 14 pouces, les poteaux I de 14 sur 15, les arcboutans Q, R de 10 sur 12, l'entretoise S de 8 sur 10, & le chaperon HK de 10 sur 15, afin de pouvoir, sans trop l'affoiblir, y percer des trous de 4 sur 6 pouces, pour le passage des aiguilles des vannes soutenant des planches de 2 à 3 pouces d'épaisseur, attachées ensemble par des barres T de 4 sur 5 pouces. On suppose de plus que ces vannes sont appuyées par le bas contre un seuil de 12 sur 14 pouces, & le long de leurs coulisses contre des feuillures de deux pouces & demi, ayant au surplus huit lignes de jeu de chaque côté,

nt à l'affemblage de toutes ces pieces, il eft fi fimple qu'il
a point de maître Charpentier à qui l'on ne puiffe s'en rap-
er.

orfqu'une vanne pareille aux précédentes ne foutient que 5
5 pieds de hauteur d'eau, deux hommes la levent aifément,
s d'un levier fait en pied de biche, afin que l'extrêmité four-
e puiffe embraffer l'aiguille. Pour cela elle eft percée d'un
nbre de trous, où l'on paffe fucceffivement des boulons de
à mefure que la vanne monte de quelques pouces ; manœuvre
p connue pour m'y arrêter.

46. Quand une vanne ferme feule une voie dont la largeur
beaucoup au-deffus de 4 pieds, & que d'autre part elle fou-
t une hauteur d'eau confidérable, il faut néceffairement,
r la pouvoir élever, employer des machines qui deviennent
s ou moins compofées, felon la néceffité de foulager la puif-
ce, qu'il convient de réduire au moindre nombre d'hommes
l eft poffible, parce qu'il fe rencontre fouvent qu'on n'eft pas
naître de les multiplier, faute de favoir où les placer. Voilà
as de faire un bon ufage des principes de la méchanique, pour
oint s'expofer à fe tromper groffierement : c'eft de quoi l'on
ager par l'exemple qui fuit.

y a dans l'intérieur du fort *Nieulet* de Calais une éclufe à
ieurs voies, chacune fermée par fa vanne particuliere, que
trois premieres figures de la Planche LIV repréfentent vues
s tous les fens, ce qui fuffit pour juger de la méchanique qui
accompagne, le refte nous étant indifférent. Ces vannes, de
pieds de largeur fur 13 de hauteur, fervent à évacuer les eaux
pays quand la mer eft baffe, & à la foutenir lorfqu'elle monte,
a de l'empêcher de paffer outre ; ce qui fait que la face qui
eft oppofée eft plus ou moins chargée dans un tems que dans
utre ; mais comme on ne les leve que pour laiffer écouler les
ux douces, dont la hauteur commune fur le radier de l'éclufe
d'environ 5 pieds, c'eft cette pouffée que nous allons confi-
rer. Pour en faire l'eftimation, il faut multiplier $7\frac{1}{2}$ par 5, &
produit $37\frac{1}{2}$ par $2\frac{1}{2}$, moitié de la hauteur de l'eau ; il viendra
viron 95 pieds cubes ; chacun pefant 70 livres, la pouffée
a de 6650 livres, dont la moitié donne 3325 pour le frotte-
ent de cette vanne contre fes couliffes ; à quoi ajoutant 1500 liv.
ur fa pefanteur propre, la réfiftance fera de 4825 liv. Il refte à
aminer fi ce qu'on a fait pour faciliter le mouvement de ces

Pl. LIII.

Pl. LIV.

Ufages des roues & des poulies pour élever les vannes qui ont beaucoup de largeur, & qui foutiennent une grande charge d'eau. Exemple tiré du fort Nieulet à Calais.

vannes, remplit convenablement le deſſein qu'on s'eſt propoſé,

*Faute com-
miſe à cette
écluſe, par le
mauvais uſage
qu'on a fait
des cables &
des poulies,*

547. La premiere & la troiſieme Figures montrent que l'on a attaché deux poulies V ſur le revers de la face qui paroît ici, c'eſt pourquoi elles n'y ſont que ponctuées ; qu'au chapeau C des poteaux à couliſſes B il y en a deux autres Q, dont voici l'uſage. L'un des bouts *c b* d'un cable eſt attaché à un crochet *b* répondant à la bande de fer *h i*, ſervant à embraſſer la vanne des deux côtés, afin de maintenir enſemble les planches qui la compoſent, Ce cable, après avoir paſſé ſur la poulie Q, deſcend de *d* en *e* ſur la poulie V ; delà il remonte de *f* en *g*, & ſe roule ſur le treuil E avec lequel il eſt attaché : ainſi l'on voit qu'en faiſant tourner ce treuil à l'aide des roues qui ſont à ſes extrêmités, la vanne eſt contrainte de monter.

Voulant eſtimer l'avantage que la puiſſance tire de ces poulies, nous ſuppoſerons, pour plus de ſimplicité, qu'elle eſt appliquée à l'endroit *k* du brin *d e*, & que tout le poids de la vanne eſt réuni à l'extrêmité *b* de l'autre brin *c b ;* alors il eſt certain que la puiſſance qui le ſoutiendra lui ſera parfaitement égale. Il n'en eſt pas de même de l'autre V ſous laquelle paſſe le cable, puiſque le poids y étant ſuſpendu, ſon action ſera également partagée à tendre les brins *e d* & *f g*. D'où il réſulte que ſi le premier *e d* étoit attaché au chapeau C, la puiſſance appliquée en *g* ne ſoutiendroit que la moitié du poids, & c'eſt à quoi elle ſe réduit par rapport au treuil E. Il ſuit delà qu'on a rendu les agrès de cette vanne plus compoſés qu'ils n'auroient dû l'être, de la poulie Q & du brin *c b*, puiſqu'il eût ſuffi d'attacher ſimplement l'autre *e d* au chapeau C, ſans le faire paſſer ſur cette poulie pour l'accrocher à la vanne. Faute capitale de la part de celui qui l'a équipée, puiſqu'au lieu d'avoir ſoulagé la puiſſance par cette poulie, il a fait naître un ſurcroît de réſiſtance de la part de ſon frottement, & de la roideur du cable qui ſe plie deſſus. On ſera toujours expoſé à commettre des erreurs de cette eſpece, quand on agira ſans principes. Pour mieux juger de ce que je viens d'expoſer, il ſuffit de jetter les yeux ſur la Fig. 6 de la Pl. XIX, qui montre de la maniere la plus ſimple à quoi ſe termine l'effet de tout l'attirail précédent.

548. Ayant trouvé que la réſiſtance qui compoſoit la vanne étoit de 4825 l. & qu'elle ſe réduiſoit à la moitié étant ſuſpendue au brin *f g*, il ne faut plus la conſidérer que de 2412 l. appliquée au treuil E, dont le rayon eſt de 6 pouces ; & comme celui des

roues

roues NN en a 48, depuis le centre jusqu'au milieu des poignées, la puissance sera donc à la résistance comme 1 est à 8, par conséquent elle se trouvera réduite à la huitieme partie du poids, c'est-à-dire à 301 ½ liv. & même plus à cause de la roideur des cordes, que l'on fait être d'autant plus difficiles à plier qu'elles sont tendues par un plus grand poids, & que le diamétre des poulies se trouve plus petit. Aussi arrive-t-il que huit hommes ont bien de la peine à lever cette vanne, parce que les roues auroient dû avoir 9 à 10 pieds de rayon au lieu de 4 ; mais on a commencé par construire le bâtiment auquel on n'a donné que 12 pieds de largeur intérieurement, & ce n'a été qu'après coup qu'on s'est apperçu qu'elle ne suffisoit pas pour renfermer des roues d'un diamétre proportionné au poids dont elles devoient faciliter la levée, pour n'avoir pas combiné la convenance des parties du projet.

549. Le moyen de remédier à ce défavantage, est de doubler chacune des poulies V, c'est-à-dire d'en attacher encore deux derrieres les premieres, & d'employer des cables plus longs ; alors les poulies d'en haut serviront fort utilement, & la puissance se trouvera soulagée de moitié, pourvu que les six poulies soient équipées de la maniere qu'on le voit marqué dans la figure 4 qui représente la vanne, avec ses agrès, de l'ancienne écluse de la *Moere* à Dunkerque, telle qu'elle étoit avant l'accident qui lui est survenu en 1708, dont nous avons fait mention dans les art. 243, 246.

Maniere de corriger cette machine en doublant les poulies d'en bas.

550. Comme cette vanne, de 15 pieds de largeur, soutenoit 12 à 13 pieds de hauteur d'eau qu'on lâchoit à marée basse pour curer le chénal, ainsi que nous l'avons rapporté article 63, il a fallu lui donner 7 pouces d'épaisseur, & la fortifier d'un nombre de bandes de fer pour la rendre capable de soutenir une aussi grande poussée ; d'où l'on peut juger de l'énorme résistance qu'on eût éprouvé à l'élever si on ne l'avoit surmontée par le secours qu'on a tiré des loix de la méchanique. Pour cela on a employé un treuil E de 8 pouces de rayon, ayant à ses extrêmités deux roues à tympan de 28 pieds de diametre, dans lesquelles des hommes marchoient en montant pour les faire tourner. Quoique la puissance fût avantagée d'un grand bras de levier par rapport à celui du poids ; jamais on ne fût parvenu à le surmonter si l'on n'avoit eu recours aux poulies mouflées, pour que le treuil n'en eût plus que le quart à soutenir, comme on en va juger.

Fig. 4.

551. Supposant que chaque moufle V embrasse deux poulies accrochées à la vanne ; que sur le revers du sommier H, on y

Maniere de bien équiper les vannes à

Pl. LIV.

l'imitation de ce qui a été exécuté à l'ancienne écluse de la Moere à Dunkerque.

PL. LIV.
Fig. 4.

en ait fixé deux autres simples, & attaché le premier bout *b c* d'un cable passant sous la premiere des deux précédentes V; que de là le brin *d e* passe sur celle d'enhaut Q, qu'il descende ensuite de *f* en *h* sous la seconde d'enbas, pour remonter de *k* en *g* sur le treuil E, où on le suppose arrêté : il est constant que venant à tourner, les quatre brins précédens seront tendus également, par le partage qu'ils feront du poids dont ils soutiendront chacun le quart, & c'est à quoi se réduit son action sur le treuil ; parce que le sommier H auquel répondent les brins *c b*, *f h*, *e d*, soutiendra seul les trois autres, selon ce principe général de la méchanique : *Si une puissance éleve un poids à l'aide de plusieurs poulies, elle sera à ce poids comme l'unité est au nombre double de celui des poulies d'en bas ; ou ce qui revient au même, au nombre de brins de corde qui leur répondent.* Il suit donc que si les vannes de l'écluse du fort Niculet avoient des doubles poulies, & que les cables fussent disposés comme dans l'exemple précédent, la puissance seroit alors réduite à la moitié de ce qu'elle est présentement, c'est-à-dire à 156 liv. comme si les roues avoient 8 pieds de rayon ; par conséquent au lieu de huit hommes, il n'en faudroit plus que quatre pour les élever.

Moyen simple de diminuer le poids des vannes, proposé par un Ingénieur, au sujet de celles du fort Nieulet.

552. Un Ingénieur qui étoit en résidence dans ce fort ayant médité sur le moyen de diminuer l'extrême difficulté qu'on éprouvoit à manœuvrer les vannes dont nous parlons, en a trouvé un fort simple, qui est d'attacher le long de leur base sur chaque face une caisse faite de planches de sapin, bien fermée de toute part, calfatée, brayée & goudronnée de maniere que l'eau n'y pu sse point entrer. Son objet est de former intérieurement un vuide de 8 pieds cubes, ce qui arrivera en lui donnant 6 pieds de longueur & à ses petites faces 16 pouces en quarré ; alors l'eau venant à pousser ces deux caisses de bas en haut par une force de 1120 livres, le poids de la vanne se trouvera diminué d'autant. Je voudrois pour rendre ces caisses bien étanches & en même tems plus solides, les diviser par cellules d'un pied de largeur ; afin que s'il survenoit quelques fentes par où l'eau vînt à s'introduire, elle fût bornée à ne remplir que la cellule où elle se seroit introduite, sans que les autres y participassent.

Il paroît qu'une caisse ajustée de la sorte pourroit aussi avoir son utilité, dans le cas où l'on voudroit qu'une petite vanne appliquée au pertuis d'une digue s'ouvrît d'elle-même par l'action de l'eau douce qui doit s'écouler à marée basse, & se refermât aussi-tôt qu'il n'en resteroit plus pour là soutenir en l'air ; ce qu'on fuppofe arriver avant que la mer remonte jufqu'au pertuis.

Pl. LIV.

553. Voulant fatisfaire ceux qui aiment les détails, voici les dimenfions des principales pieces de charpente de l'éclufe du fort Nieulet ; comme elles m'ont paru affez-bien réglées, elles trouveront peut-être leur application. On a donné au feuil A, 12 fur 16 pouces de groffeur ; aux poteaux à couliffes B, 12 fur 12 ; aux chapeaux C, 10 fur 12 ; aux taquets D, 11 fur 14 ; au treuil E, 12 pouces de diamétre ; aux vannes F, 4 pouces d'épaiffeur ; aux barres G, 4 fur 6 ; aux fommiers H, pofés aux endroits des trouées L, par où l'on caffe les glaces qui pourroient empêcher le jeu des vannes, 8 fur 10 ; aux autres fommiers I, M, qui foutiennent le plancher au-deffus des voies de l'éclufe, 6 fur 8. Quant à la roue, l'on a fait les bras N, gouffets & rayons de 4 fur 4 pouces ; le tout entretenu par deux cercles de fer, de 6 pieds de diametre, tenant lieu de jantes ; les poulies Q & V ont 9 pouces de diametre, & les cables R, 6 pouces de tour.

Dimenfior. des principales pieces de charpen'e qui entrent dans la compofition de l'éclufe du fort Nieulet.

554. Quant à la conftruction des grandes roues à hériffon rapportées fur les planches XIX & XXII, il fuffit d'en confidérer l'affemblage & les ferrures qui les fortifient. Lorfqu'elles ont depuis 18 jufqu'à 24 pieds de diametre, il convient de donner aux grands bras, 6 fur 7 pouces de groffeur ; aux gouffets, 5 fur 6, de même qu'aux rayons ; & aux jantes, 6 fur 6, faites à doubles membrures, taillées au quart de leur épaiffeur, de même que les rayons qu'elles embraffent, pour qu'une partie n'affoibliffe pas trop l'autre. Que fi ces roues n'ont que 10 ou 12 pieds de diametre, comme celle qui eft renfermée dans le logement de la porte d'eau repréfentée fur la planche XXII, on diminuera la groffeur des bois à proportion. Il eft à remarquer que pour ne point trop aggrandir le logement précédent, on n'y a renfermé que de petites roues, parce que pour y fuppléer, on a réduit au quart le poids de la grille, moyennant les poulies moufflées auxquelles elle eft accrochée.

Dimenfion des bois qui entrent dans les grandes roues à hériffon.

555. Lorfque l'on eft dans la néceffité d'employer une vanne auffi grande que celle qui étoit à l'éclufe de la Moere, on ne peut guere fe difpenfer de fe fervir des roues à tympan par préférence aux précédentes, vû l'avantage qu'on en tire ; mais il faut, comme je l'ai dit ailleurs, qu'elles foient à l'abri d'être battues du canon de l'ennemi, fi elles participent à la défenfe d'une place de guerre. On jugera mieux de ces fortes de roues, en confidérant la figure 3 de la planche LV, qui repréfente fort diftinctement la charpente d'une des deux faces dont les jantes fervent

Explication des roues à tympan, avec les dimenfions de leur charpente.

Pl. LV.

à former le tambour. En voici les dimenfions de même que celles de leurs chevalets, telles qu'elles ont été déterminées par M. Clément, lorfqu'en 1699 il fit rétablir cette éclufe.

On a donné aux feuils C, 13 fur 15 pouces d'équarriffage ; aux poteaux D, 15 fur 16 ; à la grande entretoife A, & à fes effeliers B, 12 fur 12 ; aux liens E, 11 fur 13 ; au fommier H, 12 fur 14 ; au treuil G, 16 pouces de diametre ; aux grands bras L de la roue, 6 fur 8 ; aux gouffets M, 5 fur 7 ; & aux rayons N, 5 fur 6, de même qu'aux jantes O, formant un tambour de 4 pieds de largeur, fait de planches d'un pouce d'épaiffeur le long defquelles on attache intérieurement des barres de bois R pour appuyer les pieds de ceux qui font tourner cette roue. Quant à la vanne, (planche LIV, fig. 4) nous avons déja dit que fa largeur étoit de 15 pieds fur autant de hauteur, & qu'elle avoit 7 pouces d'épaiffeur ; d'où l'on peut tirer des termes connus pour trouver l'épaiffeur de telles vannes qu'on voudra, dès qu'on en connoîtra la largeur & la hauteur, fuivant ce qui eft prefcrit dans les articles 181 & 182.

On peut fe difpenfer de charger les grandes vannes d'autant de ferrure qu'on en a employé à celle-ci ; il fuffit de les réduire aux feules bandes marquées dans la figure 6 de la planche XIX ; leur ufage n'étant que pour lier enfemble les planches, & non pas pour fortifier le bras de levier de la pouffée de l'eau, qui ne peut s'en reffentir puifqu'il eft dans une fituation horifontale.

Le bras de levier par lequel agiffent les hommes qui font dans une roue à tympan eft les cinq feptiemes du rayon de la même roue.

556. Les hommes qui marchent dans une roue à tympan changeant de place à chaque inftant, mais fans s'éloigner de plus d'un pied du même point fixe ; il faut pour eftimer le bras de levier par lequel ils agiffent, confidérer que la pofition moyenne qui leur convient le mieux pour fe foutenir, eft à peu près à l'endroit V, milieu du quart de circonférence SX, terminé par le rayon horifontal GS, & le vertical GX ; par conféquent fi du point V, l'on abaiffe fur ces rayons les perpendiculaires égales VT, VY, chacune exprimera le bras de levier de la puiffance. Pour le connoître, confiderez que le triangle VTG étant rectangle & ifofcelle, il y aura à peu près même raifon de l'hypotenufe GV, au côté GY, ou GT, que de 7 à 5 ; d'où il fuit que ce levier n'eft que les cinq feptiemes du rayon de la roue, lequel étant ici de 14 pieds, GT en vaudra 10.

Eſtimation de l'effet de la machine précédente, eu égard à l'a-

557. Ayant dit que le rayon du treuil étoit de 8 pouces, la puiffance fera donc au poids comme 1 eft à 15. Mais on fait d'ailleurs que par rapport à ce treuil, la réfiftance qu'oppofe la

vanne à être levée fe réduit au quart, par l'avantage que l'on tire des poulies mouflées ; ainfi la puiffance eft à la réfiftance totale comme 1 eft à 60. Suppofant donc deux hommes dans chaque roue, pefant enfemble 600 livres, ils pourront élever un poids d'environ 36000 liv. Un grand avantage de ces fortes de roues, eft de pouvoir augmenter la puiffance autant que la néceffité l'exige ; puifque deux manœuvres agiffant de front, on en peut encore mettre un ou deux autres derriere.

vantage que l'on tire des poulie mou- flées.

558. Lorfqu'il fut queftion, en 1708, de rétablir l'éclufe de la Moere, M. de Moyenneville, alors Directeur des fortifications de Dunkerque, penfa qu'il étoit affez inutile d'employer une vanne auffi élevée que l'étoit l'ancienne, vu la difficulté qu'on trouvoit à la manœuvrer. D'ailleurs comme elle ne devoit fervir qu'à curer le Port, puifque les portes de flot dont elles devoient être précédées foutiendroient les hautes eaux, on pouvoit la borner au niveau des moyennes, c'eft-à-dire à 11 pieds, comme le montrent les figures 1 & 6 de la planche XIX, parce que le canal fourniroit encore affez d'eau pour remplir la deftination de cette vanne ; c'eft pourquoi elle paroît ici furmontée de 4 pieds par le niveau des hautes marées : ce qui eft un parti fort fage dont il convenoit de faire mention.

Obfervation fur la hauteur qu'il convient de donner aux vannes des éclufes de chaffe pour en diminuer la pefanteur.

Pl. XIX.

Pour fournir encore un autre moyen d'élever les vannes, on trouvera fur la planche LVI les développemens de la machine exécutée en dernier lieu à Cherbourg, fervant à faciliter le jeu des petites éclufes de chaffe qui font aux deux côtés de la grande, dont nous avons fait mention aux articles 525, 530, que je vais expliquer plus particulierement.

Pl. LVI.

559. Chaque aqueduc, de 9 pieds de largeur, eft fermé par des vannes Q R ayant pour poteaux à couliffes les pieces AB, CD, pour feuil DD, & pour chapeau IK. De ces trois poteaux, les extrêmes CD font en partie enclavés dans la maçonnerie, & celui du milieu AB eft fortifié des deux côtés par les arcboutans GH, pofés fur la femele E F ; ces arcboutans font revêtus de planches pour qu'ils offrent moins de réfiftance au courant de l'eau.

Defcription des petites éclufes de chaffe exécu- tées à Cher- bourg.

Au fommet de chacune de ces vannes eft attaché un gros billot de bois NO, fervant d'écrou à une vis YX qui repofe à demeure fur le fommier LM, tandis que la tête eft foutenue par le chapeau IK, dans lequel eft encaftré le collier de fon touril- lon P. Cette vis fert d'arbre à un rouet S dont la lanterne T a. pour effieu celui d'une roue à tympan V, laquelle venant à tourner

PL. LVI.

du sens convenable, la lanterne force le rouet, par conséquent la vis, de tourner auffi ; alors l'écrou & la vanne sont contraints de monter. Pour les faire descendre, on voit qu'il suffit de donner à la roue un mouvement contraire au précédent, & que ce que nous venons de dire pour une des vannes doit s'entendre de même de l'autre, chacune ayant son équipage particulier placé des deux côtés du chaffis DIKD qui les sépare. Pour mieux diftinguer ces deux équipages, on fera attention que les parties de l'un sont défignées par les lettres V, T, S, Y X, NO, QR, & celles de l'autre par les semblables u, t, s, $y x$, no, qr.

Calcul de l'avantage que la puis-sance tire de la machine précédente.

560. Voulant connoître l'avantage que la puissance gagne par le secours de cette machine, en faisant abstraction des frottemens; on saura que le rayon de la grande roue V, est de 6 pieds, qu'il faut multiplier par $\frac{1}{7}$, selon l'article 556, qui donne $\frac{10}{7}$ pour le bras de levier réduit. Que le rayon de la lanterne est d'un pied ; ainfi nommant P cette puissance, elle fera à son action (que je nomme x) fur les dents du rouet, réciproquement comme l'unité est à $\frac{10}{7}$. D'où l'on tire P, $x : : 1$, $\frac{10}{7}$ par conféquent $1 \times x$

$= \frac{30 \times P}{7}$, pour l'expreffion de la même puissance appliquée à une

des dents Z.

Si l'on se rappelle que par l'analogie de la vis *la puiffance eft au poids que foutient l'écrou NO, comme la hauteur d'un des pas de la vis*, (que je fuppofe de deux pouces) *eft à la circonférence que décrit le rouet*, (qui se trouve ici de 114 pouces, parce que le diametre en a 36): on pourra dire comme 2 est à 114, ou

comme 1 est à 57, ainfi la puiffance $\frac{30 \times P}{7}$, est au poids qu'elle

peut élever. Faifant la regle, on trouvera $\frac{1620 \times P}{7}$, ou $\frac{231 \times P}{7}$ pour

son expreffion. Il ne s'agit donc plus que de déterminer la valeur de P, que nous suppoferons de 300 liv. pefanteur commune de deux hommes. On trouvera qu'agiffant dans la roue, ils feront capables d'élever un poids de 69428 liv.

Estimation de la résistance qu'on éprouve à élever les vannes de l'é-clufe précé-dente.

561. Pour comparer cette force à la résistance effective de la vanne, il faut être prévenu qu'elle a 4 pieds de largeur fur 20 de hauteur ; afin que les plus hautes marées ne puiffent point la furmonter. Que fon épaiffeur est de 3 pouces, & que les barres qui en forment l'affemblage, ont 4 fur 6 pouces. Cela pofé, fi l'on cherche le produit de ces dimenfions, on trouvera qu'elles

donnent 27 pieds cubes, auxquels il en faut ajouter 13, valeur
du billot NO, on en aura 40 pour la folidité de toute la charpente qui appartient à cette vanne. Chaque pied cube peut être
eftimé du poids de 60 livres, ce qui donne pour la totalité 2400
liv. qui étant augmentés de 200 livres, pour la valeur des clous
& ferrures, il vient 2600 liv.

A l'égard de la réfiftance caufée par le frottement de cette
vanne, confiderée dans le cas où elle fe trouveroit chargée fur
toute fa hauteur; il faut comme à l'ordinaire multiplier fa fuperficie, qui eft de 80 pieds quarrés, par 10, moitié de la hauteur
de l'eau, il vient 800 pieds cubes, dont chacun doit être eftimé
de 72 livres, parce qu'il s'agit de l'eau de la mer; le produit
donnera 57600 livres pour la pouffée, dont la moitié, qui eft de
28800 livres, exprimera la réfiftance caufée par le frottement de
cette vanne contre fes couliffes. Si l'on y ajoute 2600 liv. pour
fa pefanteur propre, fa réfiftance à être levée fera de 31400 liv.
Mais nous venons de trouver que la puiffance étoit capable de
furmonter celle d'un poids de 69428 livres: la différence de ces
deux forces, qui eft 38028 livres, exprimera donc ce qui refte à
la puiffance pour furmonter le frottement des parties de la machine. Comme ce furcroit de force furpaffe de beaucoup la réfiftance entiere de la vanne, il fuit que deux hommes l'éleveront
aifément. Il eft vrai que ce fera avec lenteur; mais c'eft le fort
de toutes les machines compofées de perdre de la part du tems
ce que l'on gagne du côté de la force; cependant cette perte ne
tirant point ici à conféquence, on n'y a point égard.

562. C'eft ainfi qu'on peut avoir la fatisfaction de s'affurer du
fuccès d'une machine avant même que d'entamer fon exécution,
& juger de l'effet dont elle fera capable relativement à la réfiftance qu'elle doit vaincre, afin de voir fi la puiffance dont on
pourra difpofer remplira effectivement fon objet; au lieu qu'en
ne fuivant point cette route, on n'en peut juger que par l'événe-
ment. Que fi malheureufement il ne fe trouvoit point conforme
aux efpérances dont on s'étoit flatté, on s'en appercevroit trop
tard pour pouvoir y remédier, à moins que de recommencer le
tout à grands frais. Cette maniere d'élever les vannes d'une grande réfiftance me paroît préférable à toute autre, la machine n'oc-
cupant qu'un bâtiment de 10 pieds en quarré. D'ailleurs il eft
bien plus fage d'employer deux vannes comme on a fait ici,
que de n'en avoir qu'une double en largeur, dont la manœuvre
eut été bien plus difficile.

PL. LVI.

*Réflexion
fur la néceffité
de bien con-
noitre quel fe-
ra l'effet d'u-
ne machine
que l'on pro-
jette afin d'é-
tre affuré du
fuccès avant
fon exécution.*

CHAPITRE VII.

Des petites éclufes pratiquées au travers des batardeaux
de maçonnerie qui fe font dans les foffés des places
de guerre.

N'AYANT fait qu'une légere mention aux art. 69, 492, 526
& 528, du bon ufage que l'on peut faire des petites éclufes ménagées dans les batardeaux de maçonnerie, pour défendre
le paffage des foffés d'une place de guerre, ou pour les rafraîchir
de tems à autre ; cette partie de mon fujet m'a paru affez intéref-
fante pour mériter un chapitre particulier. Quoique leur conftruction ne renferme rien qui ne dépende de ce qu'on obferve
dans l'établiffement des éclufes en général, je ne laifferai pas
d'expofer fommairement ce qui peut leur convenir en particulier, fuppofant toujours, comme je l'ai fait jufqu'ici, inftruire des
commençans, pour qui la plûpart des chofes font nouvelles.

Ufage des batardeaux de maçonnerie qui fe font dans les foffés des places de guerre. 563. Lorfqu'une riviere ou un canal traverfe les foffés d'une
place de guerre pour entrer dans la ville & en fortir, on en fou-
tient les eaux par deux batardeaux tenant lieu de digue, que l'on
fait de maçonnerie & jamais de terre, de crainte que par leur
épaiffeur elles ne fourniffent des ponts qui pourroient favorifer
la défertion des foldats de la garnifon & donner lieux aux furpri-
fes : ce qui ne peut arriver quand les batardeaux font de maçonnerie, par la précaution que l'on prend d'en terminer le fommet
en dos-d'âne, afin qu'on ne puiffe pas marcher deffus ; pour plus
de fûreté encore, on y éleve une tourelle qui coupe abfolument
le paffage. Tandis que l'on conftruit ces batardeaux, on ménage
vers le milieu une petite éclufe fermée par une ou plufieurs vannes, felon la néceffité d'y faire paffer plus ou moins d'eau à la
fois pour rafraîchir le foffé en remplaçant celle qu'on fuppof
avoir été évacuée moyennant l'ouverture d'autres petites éclufe
pratiquées dans la contrefcarpe, comme on a dû le remarquer
dans les articles 490, 493, en parlant de Gravelines. Ainfi e
ouvrant & fermant celles des batardeaux, on a la facilité d
mettre le foffé à fec quand on le juge néceffaire, pour y laiffe
monter enfuite l'eau à la hauteur qu'on veut. Si l'enceinte de l
place a beaucoup de circuit, on fait d'autres batardeaux par in
terval

PLAN
Des Ouvrages Projettés
pour la Ville et le Port
DE CHERBOURG.

N.° 51.

Jettée d'Ouest.

Jettée de l'Est.

Rade de basse Mer.

Port.

Bassin
ou
ancien Port.

Echelle du Plan.

La Gerardie

Rue Montivilliers

Hydrine

Montivilliers

L'eaüe R.

Bras de la Seine

A la Seine

Beauchamprout

Rivière de Seine

Graville

Canal de Havreur

Les Nègre

La Heve

Heuse

Banc de sable mouvant

Hante Mer déanneau vives

Emboucheure de la Rivière de Seine

N.º 52

La Heve

S.ainte

Ingouville

Mer Océane

Maree basante

Maree montante

Plan du Havre de Grace

CARTE
des Environs
DU HAVRE DE GRACE

Echelle de la Carte.

Sur Toues

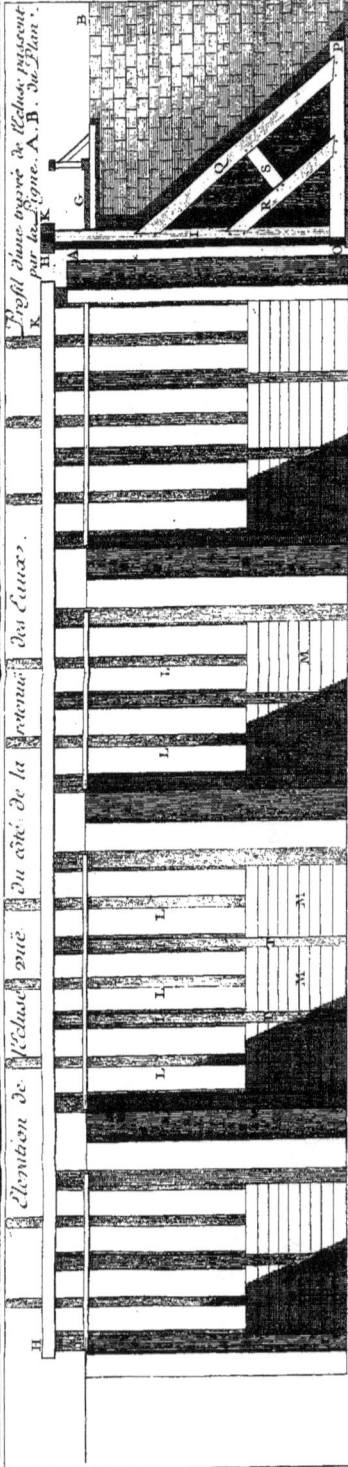

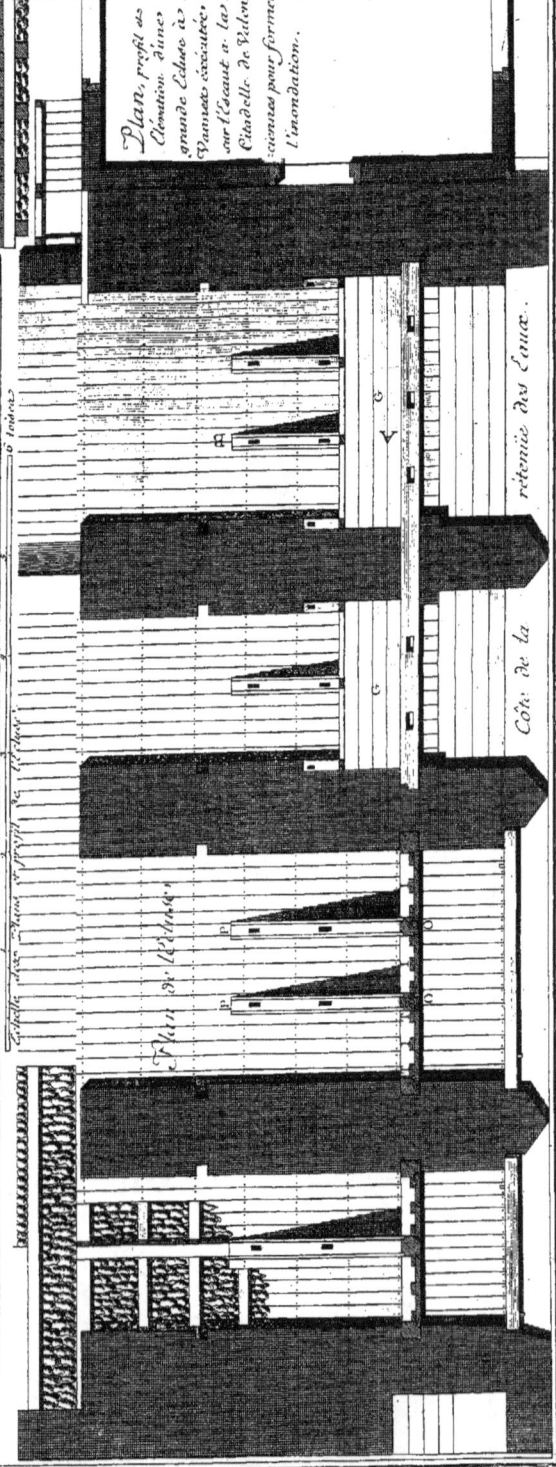

Tome I.

ARCHITECTURE HYDRAULIQUE SECONDE PARTIE.

Planche LIII. Pag. 400.

Elevation de l'Ecluse vûe du côté de la retenuë des Eaux.

Profil d'une travée de l'Ecluse passant par la ligne A. B. du Plan.

Plan, profil et Elevation d'une grande Ecluse à Vanneaux executée sur l'Escaut et la Citadelle de Valenciennes pour former l'inondation.

Echelle des Plans et Profil de l'Ecluse.

Plan de l'Ecluse.

Côté de la retenüe des Eaux.

N.º 33.

Elévation de deux Vannes avec leurs Agrès, prises des Ecluses du Fort Nieulet de Calais.

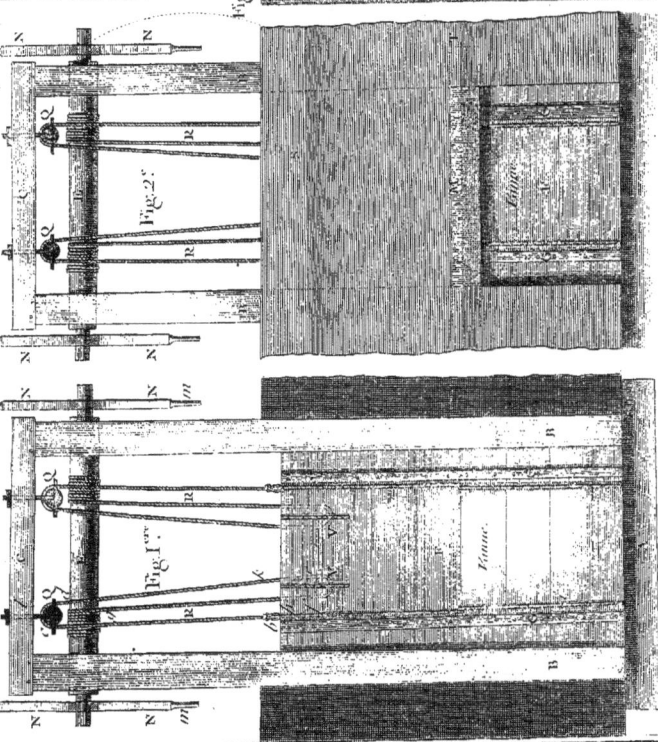

Fig. 1.er.

Fig. 2.e.

Fig. 3.

Dessin d'une Vanne avec les Agrès manoeuvrée par des Roües à Timpan.

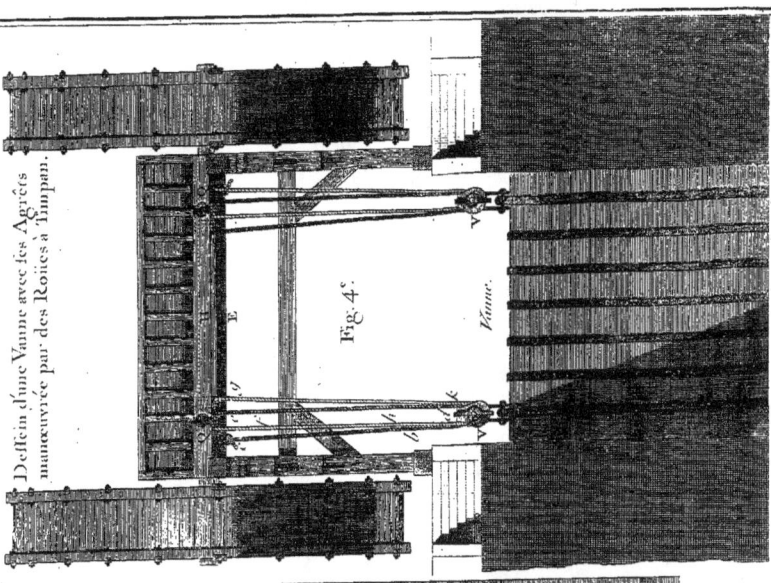

Fig. 4.e.

Vanne.

Echelle de la 4.e Figure.

Plan des l'ouvert de leur Coulisse.

Fig. 5.

Echelle des Figures 1.re 2.e et 3.e

N.º 54.

ARCHITECTURE HYDRAULIQUE, II PARTIE.

Développement de la Charpente

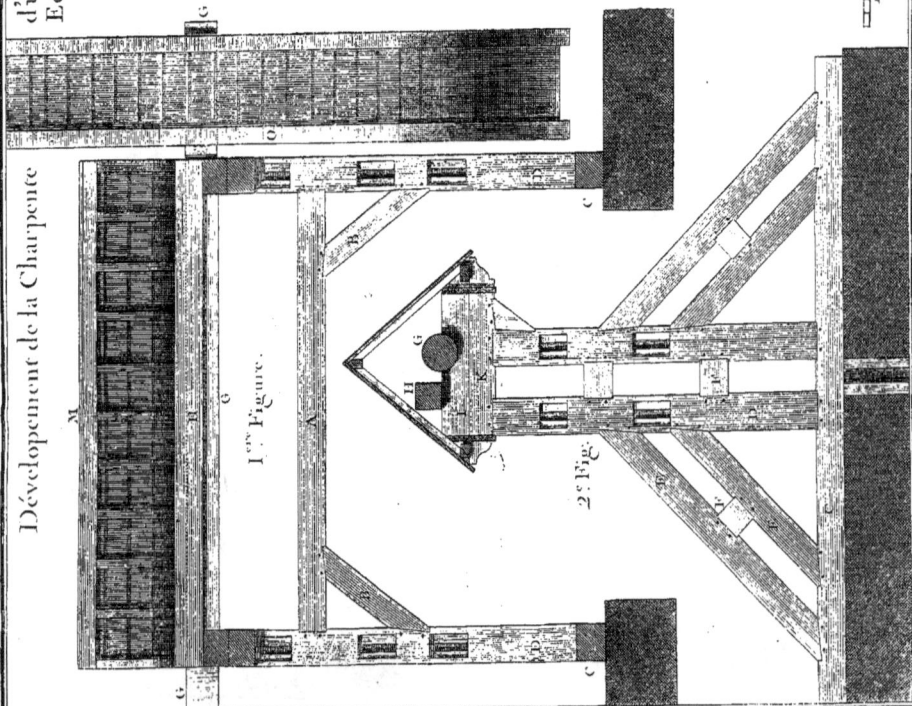

d'une Roüe à Timpan avec les chevalets ou suports tirée de l'ancienne
Ecluse de la Moere a Dunkerque

3.e Fig.

1.re Figure.

2.e Fig.

Echelle des Figures de cette Planche.

ARCHITECTURE HYDRAULIQUE II. PARTIE.

Profils de la petite Echuſe de Chaſſe du Port de Cherbourg,
ſervant a l'écoulement de la Riviere d'Ivette
et au nettoyement du Port.

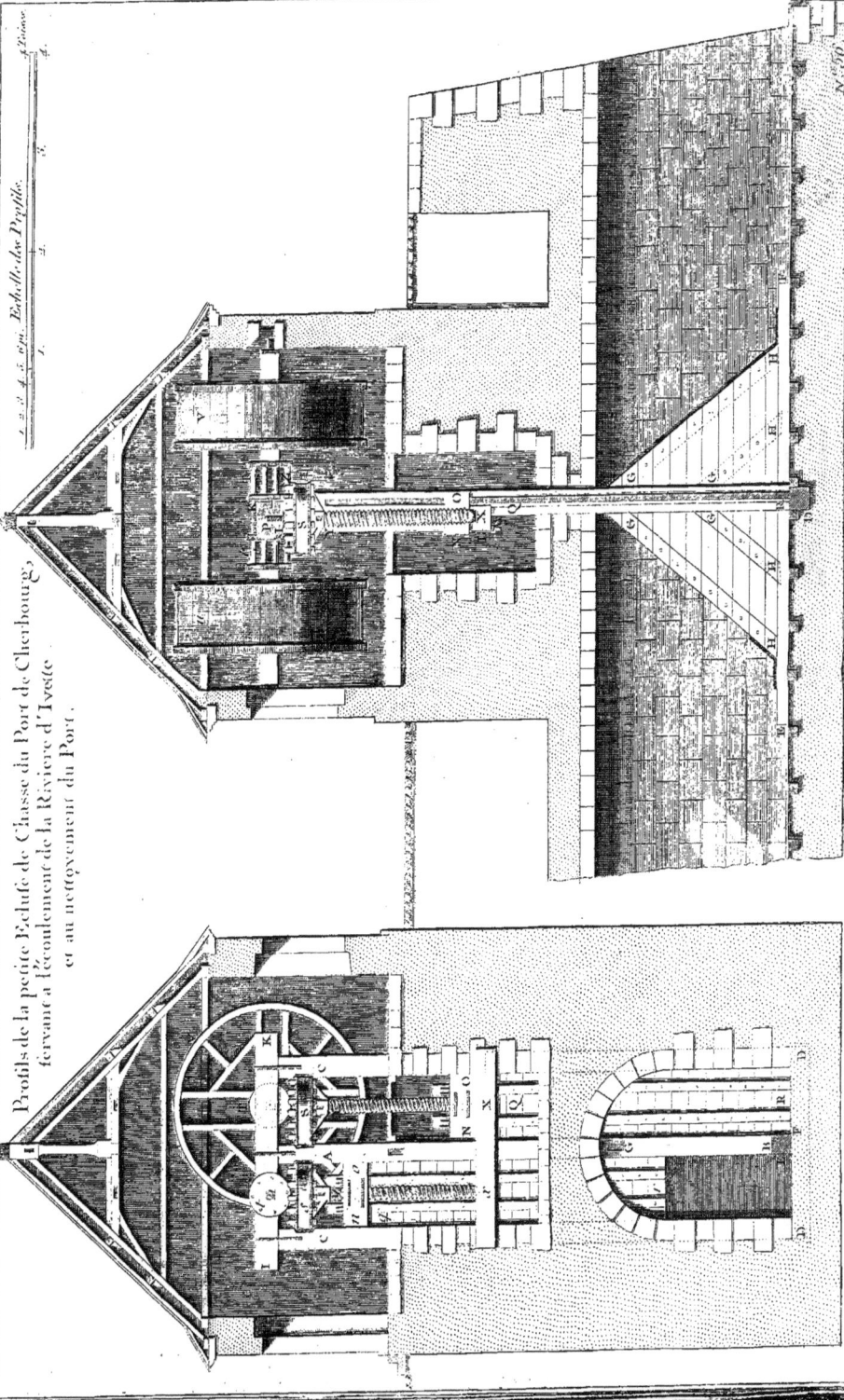

Echelle du Profile.

Echelle du Profile.

tervalle aux endroits les plus convenables pour obliger l'eau de circuler par cascade d'un front à l'autre, & ne mettre à sec que celui que l'on veut, au cas que l'on n'ait pu lui ménager un écoulement particulier sans le secours de ses collateraux. C'est dans l'heureux choix de la position des batardeaux de cette espece, selon la pente du terrein, qu'un Ingénieur peut manifester plus que dans toute autre occasion sa capacité & l'étendue de ses vues, pour procurer à la défense de la place toutes les ressources que l'on peut tirer des eaux ; mais comme ce n'est point ici l'endroit de traiter une matiere aussi importante, je remets d'en parler plus à fond dans le second volume, pour ne considérer présentement que les batardeaux en eux-mêmes.

564. La premiere, deuxieme & cinquieme figures de la planche LVII comprennent l'élévation, le profil & le plan d'un batardeau dont on n'a rapporté qu'une partie de la longueur, suffisante pour juger du reste, principalement de l'écluse que l'on y voit. On suppose que les extrêmités de ce batardeau sont liées avec le revètement du corps de la place & celui de la contrescarpe, & que l'eau ne peut passer d'un côté à l'autre qu'en levant la vanne de l'écluse, dont le plan est divisé en deux parties pour exprimer en même tems le massif de sa fondation & l'établissement de son radier ; qui se réduit ici à un rang de traversines pour recevoir le plancher, parce que l'on suppose qu'il n'a pas besoin d'une plus grande façon.

Pour établir solidement un batardeau, il faut 1°. avoir égard sur toutes choses à la qualité du terrein sur lequel on veut l'asseoir, afin de le préserver de tout accident. 2°. Garantir si bien sa fondation du puissant effet des eaux de la retenue, qu'elles ne parviennent jamais à se frayer un passage par dessous. 3°. Régler leur épaisseur de maniere que sans y employer une trop grande quantité de matériaux, on puisse être assuré qu'ils résisteront inébranlablement à la poussée des plus hautes eaux. De ces trois maximes les deux premieres sont de pure pratique, & ne peuvent être bien remplies que par les sages précautions de celui qui fera le projet & le devis du batardeau. A l'égard de la troisieme, comme elle se réduit à estimer la force de la puissance qui agira contre ce batardeau, afin de lui opposer une résistance assez grande pour ne point appréhender qu'elle fléchisse jamais sous l'effort qu'elle aura à soutenir ; cette maxime ne peut-être bien remplie que par une combinaison de vues de théorie & de pratique, comme nous le ferons sentir plus haut. Cependant ce

Maxime sur la construction des batardeaux de maçonnerie.

PLANC. LVII.

Fig. 1, 2 & 5.

qui a été exécuté avec le plus de fuccès étant d'une grande au-
torité pour s'y conformer en pareil cas, voici les regles que j'ai
déduites de l'examen des meilleurs batardeaux qui font venus à
ma connoiffance, fuivies des modifications convenables afin de
travailler avec autant d'intelligence que d'économie.

565. L'ufage pour la conftruction des batardeaux eft 1°. de
donner à leur épaiffeur FG au-deffus de la fondation, une fois
& demi la hauteur des plus grandes eaux qu'ils pourront jamais
foutenir; c'eft-à-dire que fi elles montoient à 12 pieds, on en
donneroit 18 à cette épaiffeur. 2°. De faire leur hauteur HF, prife
depuis la retraite F de la fondation jufqu'à la naiffance E de la
chape EKL, égale à celle des plus hautes eaux. 3°. De donner
pour talud au parement EF ou LG, la fixieme partie HE de fa
hauteur HF. 4°. De faire la hauteur KM de la chape EKL, moitié de la largeur de fa bafe EL, afin que ces deux faces forment
un angle droit. 5°. De faire la longueur AB & CD des embranchemens de l'éclufe, égale à l'épaiffeur FG de la bafe du batardeau, afin de porter au loin le courant des eaux, & d'empêcher
qu'il ne puiffe endommager le pied, qui fe trouve par-là fortifié
dans fa partie la plus foible, qui eft vers le milieu, puifque ces
embranchemens tiennent lieu de contre-forts. 6°. De donner à
l'épaiffeur PQ de ces embranchemens le tiers de leur longueur,
leur face intérieure PO étant évafée de maniere que l'épaiffeur
OR des muffoirs foit les deux tiers de celle de la racine PQ, &
leur hauteur IO égale aux deux tiers de celle du parement EF :
le deffus des mêmes embranchemens étant fait en pente pour
les conferver contre les injures du tems.

566. Ces regles me paroiffent affez-bien entendues; mais qu'il
me foit permis de ne point adopter la premiere fans en faire l'a-
nalyfe, étant celle qui mérite le plus d'attention. Pour y parvenir d'une maniere fimple, nous ferons abftraction de la fondation des batardeaux pour n'en confidérer que la maffe extérieure,
qu'on peut fuppofer appuyée fur une bafe inflexible telle que feroit
un banc de rocher, autrement on n'auroit rien de déterminé,
puifque la profondeur des fondemens dépend de la nature du ter-

rein. Cela pofé, il faut regarder dans la figure 6 la ligne IL comme
repréfentant le fond d'un foffé fur lequel on a élevé un batardeau
dont ABCDE exprime le profil tracé felon les regles précédentes, & que le niveau des eaux qu'il foutient eft marqué par la
ligne GB répondant à la bafe BD de la chape.

Selon ce qui eft enfeigné, articles 141, 142, chaque tranche

erticale du batardeau exprimée par fon profil fera pouffée par
ne quantité d'eau dont l'action peut être rendue par la fuperfi-
e du triangle rectangle & ifofcelle KHA, ayant fon centre de
ravité dans la ligne horifontale RS, paffant par les deux tiers
e la perpendiculaire HA. D'où il fuit que fi on avoit une puif-
ance Q qui pouffât cette tranche avec la même force & felon la
irection QO que le fait l'eau, elle pourra être exprimée par la
perficie du triangle KHA, tandis que la réfiftance que lui op-
ofera le batardeau le fera par fon profil, auquel nous attribuons
infi qu'au triangle une même épaiffeur infiniment petite. On
eut donc regarder ce profil comme équivalent à un poids P,
ont la direction CG paffe par le centre de gravité T, répondant
u milieu G de la bafe AE.

pouffée de l'eau contre les batardeaux, d'où l'on conclut que la premiere des regles précédentes leur donne trop d'épaiffeur.

PLANC.
LVII.
Fig. 6.

La puiffance Q & le poids P agiffant l'un à l'égard de l'autre
rélativement au point d'appui E, il eft conftant que dans l'état
d'équilibre cette puiffance fera au poids réciproquement, comme
es perpendiculaires abaiffées du même point d'appui fur leurs
ignes de direction CG & QO, d'où l'on tire Q, P :: EG, EN:
ar conféquent Q × EN=P × EG. Il ne s'agit plus que d'affigner
ces deux puiffances les valeurs qui leur font propres dans un
as quelconque, pour juger fi leurs effets font en équilibre, ou
uelle partie aliquote l'un fe trouve de l'autre. Alors ce qui arri-
era pour ce cas là fera commun à tous, dès que les batardeaux
eront conftruits felon les mêmes regles, puifque leurs profils
ormeront des figures femblables.

567. Suppofant que la plus grande hauteur HA de l'eau foit
e 12 pieds, le triangle KHA en vaudra 72 de fuperficie, & le
rofil ABCDE 169, felon les 4 premieres regles précédentes;
uifque l'on aura AE = 18 pieds, FG = 12, HB ou DM = 2,
D = 14, & FC = 7. Comme à volume égal le poids de l'eau
ft à celui de la maçonnerie dans le rapport de 7 à 12, il faut fe-
on l'article 144, multiplier 72 par 7, & 169 par 12, il viendra
Q = 504 & P = 2028. Si après cela on multiplie la valeur de Q
ar fon bras de levier AS ou EN qui eft de 4 pieds, & auffi celle
e P par le fien EG qui eft de 9 pieds, il viendra Q = 2016 &
P = 18251, dont il ne s'agit plus que de chercher le rapport,
u'on trouvera être à peu près celui de 1 à 9. Ce qui montre que
uand on donne aux batardeaux pour épaiffeur fur leur bafe une
ois & demi la hauteur des plus grandes eaux, leur réfiftance eft
onuple de la pouffée de l'eau qu'ils ont à foutenir, ce qui paroît
rop fort; c'eft pourquoi je crois qu'on pourroit fe contenter

Il paroît que l'on pourroit fe conten- ter de faire l'épaiffeur des batardeaux égale à la hau- teur des plus hautes eaux, alors leur ré- fiftance fera quintuple de la pouffée qu'ils auront à foutenir.

de faire cette épaisseur simplement égale à la hauteur des mêmes eaux, parce qu'alors la résistance des batardeaux sera à peu près quintuple de la poussée, ce qui suffit bien pour rassurer la circonspection la plus timide. On en jugera en répétant le calcul précédent, où il faut supposer $AG = 12$, $BD = 8$, & $CF = 4$; on trouvera $P = 9792$. Comme l'action de la poussée de l'eau reste la même, puisqu'il n'y a rien de changé à sa hauteur, on aura encore $Q = 2016$, dont le rapport avec 9792 n'est pas éloigné d'être réduit à $\frac{1}{5}$.

Au reste je laisse aux gens du métier de prendre le parti qu'ils jugeront à propos, selon la nature des matériaux qu'ils auront à employer; considération qui doit entrer pour beaucoup dans la solidité de l'ouvrage. On tirera au moins de ce qui précède des idées plus lumineuses que l'on n'en a ordinairement sur la méchanique des batardeaux ou digues de maçonnerie, & l'on sera en état de travailler avec plus d'assurance.

Quel que soit le fond sur lequel on veut établir un batardeau, il faut que sa fondation soit renfermée dans un encaissement de palplanches.

Fig. 1, 2.
& 5.

568. De quelque nature que soit le fond du terrein sur lequel on veut asseoir un batardeau, il faut en traçant sa fondation lui donner assez de largeur, aussi bien qu'à celle de l'écluse, pour que la maçonnerie qu'on y doit élever ait au moins un pied & demi de retraite, comme le montre la figure 5, afin de lui donner de l'empattement. Après avoir entamé le déblai des terres aussi bas qu'on le juge nécessaire à la commodité du travail, on enfonce en suivant l'alignement du tracé, une file de palplanches X (fig. 5.) de chaque côté du batardeau & autour de la saillie Z que doit former l'écluse, afin de donner lieu à l'encaissement où il faut que la fondation soit renfermée, pour la garantir des accidens que les eaux de la retenue pourroient lui causer par la suite. Simon Stevin est le premier qui en a fait sentir toute la nécessité, dans son livre de la maniere de fortifier les places par éclufes. M. Clément ne s'est point contenté de cette simple file aux batardeaux qu'il a fait faire à Dunkerque, il a cru devoir encore y en ajouter une seconde Y appliquée plein sur joint contre la précédente, leur tête serrée entre deux ventrieres T, V clouées & chevillées ensemble, comme dans l'art. 255, & arrasées au niveau de la retraite; le tout recouvert d'un plancher G & F. Ces palplanches ont 8 à 10 pieds de hauteur sur 4 à 5 pouces d'épaisseur, & 15 ou 16 pouces de largeur. On les enfonce beaucoup plus bas que la fondation, afin que les eaux de la retenue ne puissent jamais passer au-dessous. Après cela on continue le déblai des terres tout de suite ou par parties, pour atteindre le bon fond, que l'on rencontre

affez ordinairement fans aller fort avant, vu la premiere fouille qui a été faite du foffé. Cependant s'il fe trouvoit de fi mauvaife qualité qu'il fallut néceffairement piloter & faire un grillage, on fe conformera à ce qui a été enfeigné fur ce fujet dans le premier livre, en y faifant les modifications convenables. On remarquera que fi l'on avoit affaire à un terrein mol, il y auroit alors un furcroît de néceffité de donner aux palplanches le plus de hauteur qu'il fera poffible, afin qu'elles foutiennent bien le terrein que l'encaiffement renfermera, & qu'il ne puiffe fouffler par les côtés, quand il fera chargé de tout le poids du batardeau; autrement il feroit à craindre qu'il ne s'affaiffât fenfiblement. Comme toutes les attentions qu'il convient d'avoir en pareil cas me jetteroient dans des répétitions de ce que j'ai dit au fujet de la fondation des éclufes en général, je ne m'y arrête point, étant à préfumer que ceux qui auront la conduite d'un pareil ouvrage ne négligeront rien de ce qui peut en affurer la folidité. J'ajouterai feulement que pour interrompre le cours des filets d'eau qui viendroient par la fuite du tems à s'introduire fous la fondation, malgré le bon affemblage des palplanches, on place encore pour plus de fûreté un cours ou deux de planches N, de 16 pouces de largeur fur 4 d'épaiffeur, pofées de champ bout à bout fur toute la longueur de la fondation, dans laquelle elles font enclavées fur une moitié de leur largeur, & l'autre enfoncée dans le vif du terrein; c'eft pourquoi le côté inférieur eft taillé à grain d'orge comme on fait aux palplanches. Pour rendre ces diaphragmes plus étanches, je crois qu'il vaudroit mieux commencer par faire une tranchée de 18 pouces de largeur fur autant de profondeur, & la remplir d'un conroy de glaife pour y enfoncer les planches dont il s'agit avec lefquelles la glaife fe liera mieux que ne pourroit faire une terre graveleufe ou fabloneufe, fi l'on en rencontroit de cette efpece.

569. Après que la fondation eft élevée à la hauteur de la retraite, on commence à former le corps du batardeau, dont le parement fe fait de grais compofé de panneresses & boutiffes pofées avec mortier de ciment. Le derriere eft garni de briques en mortier de même qualité fur l'épaiffeur d'environ deux pieds, formant par intervalle des chaînes d'un parement à l'autre, & le refte en maçonnnerie ordinaire. Il faut de plus, en partant de la premiere affife de la fondation, élever dans le milieu de fon épaiffeur un mur de deux briques pofées en liaifon, travaillé avec beaucoup de foin en mortier de ciment. Ce mur doit s'étendre fur toute la longueur du batardeau, & fa hauteur fe ter-

A quoi fe réduit la main d'œuvre de la conftruction d'un batardeau.

miner à un pied au-deſſus de la baſe de la chape. Son objet eſt d'arrêter le progrès des filtrations des eaux de la retenue, ſur-tout dans le cas où il ſurviendroit quelque dégradation conſidérable.

On termine le parement par un reglet de trois pouces de hauteur ſur un de ſaillie, pratiqué ſur la derniere aſſiſe, dont le reſte de la hauteur eſt taillée ſuivant la pente de la chape, pour affleurer ſa ſurface dont l'arrête eſt formée par des boutiſſes, leur queue répondant alternativement à chacune des faces.

Remarque ſur la conſtruction des écluſes pratiquées dans les batardeaux.

570. A l'égard des bajoyers de l'écluſe, leur parement s'élève à plomb comme à l'ordinaire, & demande auſſi beaucoup de ſoin dans le cours de leur conſtruction. En les élevant on a ſoin d'y ménager par intervalle les enfoncemens en forme de couliſſes, pour recevoir des poteaux de 8 pouces d'équarriſſage, ſervant à clouer les planches qui doivent garantir les mêmes paremens du dommage que l'impétuoſité des eaux pourroit leur cauſer. Ces poteaux devant être retenus par des annilles, on a ſoin d'en enclaver les tirans dans la maçonnerie, & l'on a attention en conſtruiſant le radier qu'il ſe rencontre une traverſine à l'endroit de deux poteaux oppoſés, afin qu'elle puiſſe leur ſervir de baſe. Je ne dis rien de la meſure des bois qui entrent dans ces ſortes d'écluſes, leur dimenſion dépendant de leur largeur, à laquelle il eſt aiſé d'avoir égard. J'ajouterai ſeulement que le radier doit être conſtruit avec autant de ſoin que pour ceux des grandes écluſes, & que l'on y fait auſſi des faux radiers dont l'étendue ſe regle ſur la force qu'on préſume qu'aura le courant que l'écluſe doit cauſer. Sur quoi il eſt bon d'obſerver que lorſque cela n'arrive que pour un des côtés du batardeau ſeulement, on ne fait point d'embranchemens à l'autre, qui eſt le cas où ſe trouvent les batardeaux qui ſoutiennent une riviere ou un canal, dont le jeu des écluſes ne ſe manifeſte qu'en dehors.

PLANCH. XXXVIII. Fig. 4, 5 & 6.

Les figures 4, 5 & 6, de la planche XXXVIII, dont nous avons renvoyé la deſcription à ce chapitre, (article 491) en préſentent un exemple tiré d'un des batardeaux qui ſoutenoit autrefois à Dunkerque les eaux du canal de Bergues, pour traverſer le foſſé de la place; c'eſt pourquoi leurs écluſes n'avoient d'embranchemens que du côté du foſſé ſeulement, (figure 4 & 5). A l'égard de l'autre côté (figure 6) ſon parement étoit garanti par des pilots du choc des bâtimens qui entroient ou ſortoient du port par le canal.

Exemple d'un batardeau ti-

571. Il eſt à remarquer que ce canal ſervant alors de réſervoir pour curer le port, la mer y entroit dans le tems des vives eaux

sur la hauteur de 15 à 16 pieds, ce qui obligea d'élever les batardeaux dont il s'agit à proportion, par conféquent les bajoyers de
leurs éclufes, qu'on n'auroit jamais pu ouvrir fi la vanne avoit été
d'une feule piece comme à l'ordinaire. Pour remédier à cet inconvénient, on prit le parti de la dïvifer en quatre feuilles féparées,
ayant chacune au fommet un crochet qui s'agraffoit avec un an-
neau attaché au bout de la corde du treuil. Lorfqu'on vouloit
ouvrir l'éclufe fur toute fa hauteur ou feulement en partie, on
levoit ces feuilles en les fortant à mefure de leurs couliffes. Voulant la refermer, on les y faifoit rentrer pour les defcendre par
une manœuvre contraire; deux hommes rempliffoient ainfi avec
aifance, ce que huit n'auroient pu exécuter fans un grand appareil de machines. Par un moyen à peu près femblable, deux ou
trois hommes ouvrent & ferment commodement, fans le fecours d'aucunes machines, des éclufes qui ont jufqu'à douze
pieds de largeur, deftinées à former des inondations, en faifant
gonfler une riviere. Pour cela, ils fe fervent de poutrelles qu'ils
defcendent l'une après l'autre dans les couliffes pratiquées aux
bajoyers, ou ils les retirent à l'aide des crochets attachés à chacune, & de cables ou de perches à croc, comme nous aurons
occafion d'en parler plus particulierement dans le fecond volume.

572. Quand on a des raifons pour donner à une pareille éclufe
7, 8 à 9 pieds de largeur, on la ferme par deux vannes A, B,
comme le montre la figure 4, ou bien on ménage un pertuis dans
chaque bajoyer afin de donner aux eaux trois débouchés au lieu
d'un. Telle eft l'éclufe repréfentée par les figures 3, 7 & 8; elles
font fi nettement développées qu'il ne faut que les voir pour en
bien diftinguer les parties. Cependant voulant éviter toute équi-
voque, on fera attention que MN repréfente un bout du batardeau, confidéré au niveau de la premiere affife de fa fondation,
que OP au contraire montre fa chape apperçue à vue d'oifeau,
& qu'entre les deux fe trouve l'éclufe dont le plan eft divifé en
deux parties. La premiere comprend un grillage pofé fur pilots,
parce que l'on fuppofe que la mauvaife qualité du terrein l'a exigé, & la feconde le radier DC avec un des aqueducs. EF fermé
par la vanne G, manœuvrée avec un cric Q, exprimé dans la
troifieme figure, de même que la vanne H fufpendue au treuil I,
que les éclufiers font tourner avec des leviers, en fe plaçant fur
le petit pont K. Pour leur donner plus de facilité, on joint quelquefois les deux parties du batardeau par une voute Q (pl. LVIII,
fig. 1.) afin d'occafionner une plate forme BGLC (fig. 2) élevée

*rd de Dun-
kerque qui
n'avoit d'em-
branchemens
que du côté du
foffé feule-
ment, & dont
l'éclufe étoit
fermée par une
vanne compo-
fée de quatre
feuilles déta-
chées.*

*Lorfque l'é-
clufe d'un ba-
tardeau a plus
de 6 pieds de
largeur, on la
ferme par plu-
fieurs vannes,
ou bien on fait
des aqueducs
dans fes ba-
joyers.*

PLANC.
LVII.
Fig. 3, 4,
7 & 8.

PLANCH.
LVIII,
Fig. 1 &
2.

PLANC.
LVIII.
Fig. 1, 2
& 3.

au niveau de l'arrête SK de la chape. Alors chaque face extérieure ABCD (fig. 1) de cette plate-forme , se fait sur la prolongation HA (fig. 3) du parement du batardeau. Si l'on confidere dans les figures précédentes la relation qu'ont entr'elles les parties marquées par les mêmes lettres, elles ne laifferont rien à defirer pour la parfaite intelligence de cette éclufe , dont le faux radier montre fuffifamment de quelle maniere il doit être conftruit pour celles de cette efpece.

Defcription d'une éclufe à portes tournantes pratiquée dans un batardeau pour curer un chénal.

573. Lorfque les foffés d'une place maritime peuvent fervir de réfervoir pour concourir à curer un chénal, on peut pratiquer dans chacun des batardeaux qui les terminent vers l'entrée du port (70) une éclufe à portes tournantes , de 8 à 9 pieds de largeur, qui ne peut produire qu'un très-bon effet fi elle eft bien fituée , vu la grande quantité d'eau qu'elle lâchera à la fois. M. Clément en avoit projetté de la forte pour Dunkerque & Calais, ayant fait à cette occafion les deffeins rapportés fur la planche LIX , que je me difpenfe de détailler après tout ce que j'ai dit du jeu d'une pareille porte dans les articles 273 , 274 , 275. J'ajouterai feulement que voulant faire foutenir à cette porte , tantôt l'eau de la retenue & tantôt celle de la haute mer, on ferme entierement la vanne répondant à la face chargée, & on laiffe l'autre ouverte en tout ou en partie, afin que le côté de la plus grande pouffée de l'eau foit oppofé à la feuillure qui doit lui fervir d'appui. Je veux dire par exemple que fi la face H qui fe préfente ici foutenoit l'eau du foffé à marée baffe, il faudroit que la vanne I oppofée à la feuillure K fût fermée, & la feconde L ouverte ; & au contraire, quand ce fera l'autre face qui fera chargée par la mer. On n'a point employé ici de valet, l'arbre tournant G étant fitué dans le milieu de la largeur de l'éclufe, dont on a fupprimé les portes de flot, parce qu'elle eft fuppofée placée de côté, à l'abri des houles de la mer. Cependant fi l'on étoit dans le cas d'en craindre la violence, on pourra pofer ces portes comme elles le font fur la planche XXIV, & faire les bajoyers en conféquence.

Defcription de plufieurs fortes de clapets qui s'ouvrent & fe ferment alternativement par l'action de l'eau douce & celle de la mer, pour le deffechement d'un pays.

PL. LIX.

574. Ayant voulu mettre à profit l'efpace qui s'eft trouvé vaquer fur la planche LVIII, après y avoir placé les trois premieres figures, on l'a occupé par plufieurs fortes de clapets deftinés à fermer les bufes de charpente qui fe font dans les digues, pour faciliter l'écoulement des eaux d'un pays aquatique voifin de la mer. Le premier de ces clapets, (figure 4) qu'on fuppofe de 7 à 8 pieds en quarré, eft foutenu par une bafcule A

qui

qui en foulage le poids, mais qui lui laiffe pourtant affez de pefanteur pour fe refermer de lui-même, dès que les eaux douces
ceffent d'y paffer, & que la mer en remontant vient s'appuyer
contre. La même chofe peut encore s'exécuter fans l'atelage
d'une bafcule, en partageant ce clapet en deux parties égales
CD & EF (fig. 5.) dont chacune eft brifée dans le milieu pour
former deux feuilles CD & EF, liées par des charnieres. Lorfque les eaux douces ne montent qu'à une hauteur médiocre,
elles levent les feuilles d'en bas DF, & quand elles ont beaucoup plus de force dans le tems des grandes crues, celles d'en
haut C & E font contraintes de s'ouvrir de même. Quant au petit clapet marqué par la fig. 6, on ne l'a rapporté ici que pour
donner une idée de ceux qui font le plus d'ufage.

PLANC.
LVIII.

Tandis que nous en fommes fur la maniere d'évacuer les eaux
d'un pays aquatique, voici différentes fortes de portes d'éclufes
comprifes fur la planche LX, exécutées en 1712 pour deffecher
des marais fitués en baffe Normandie, aux environs de Caran-
tan. Le féjour des eaux douces qui n'avoient point d'écoulement, joint à celles de la mer qui couvroient de tems à autre le
pays dont nous parlons, l'avoit rendu de nulle valeur, & l'air
étoit fi mal fain que fouvent il y regnoit des maladies épidémi-
ques. Voulant y remédier, on éleva des digues pour empêcher
la mer de paffer au-delà, & dans ces digues on fit de diftance
en diftance les éclufes dont il s'agit, répondant aux principales
rigoles où aboutiffoient les tranchées & coupures qui devoient
caufer le deffechement. L'ouvrage fut exécuté avec tant de fuccès par M. Morel, qui étoit alors Ingénieur Directeur des Ponts
& Chauffées de la Province, que quelques années après ces marais d'impraticables qu'ils étoient font devenus d'excellens pâtu-
rages.

PLANC.
LX,
Fig. 1, 2,
3, 4, & 5.

575. La premiere & la feconde figures repréfentent l'entrée
d'une bufe, vue du côté du rivage, fermée par une porte tournante dont la mer en montant pouffe le grand côté beaucoup
plus que le petit & l'oblige à fe fermer, jufqu'au tems où elle
permet à l'eau douce de l'ouvrir & de s'écouler. Alors cette
porte fe trouve dans la fituation où le deffein la repréfente, appuyée par le bas contre des taquets attachés fur le radier, ce qui
eft aifé à entendre. Je ne dis rien ici de la conftruction des bufes
qui demandent beaucoup d'attention pour être bien faites, parce qu'on les trouvera traitées à fond dans le fecond volume.

Defcription
de plufieurs
éclufes pour
remplir le mê-
me objet que
les clapets
précédens.

La figure 5 exprime un paffage en maniere d'éclufe ménagé

dans une digue, ayant une simple porte que la mer ferme dès qu'elle monte, en venant se jetter dans le coin A, formé par la porte & l'embranchement qui lui répond, que l'on évase assez pour faciliter l'action des flots.

Aux endroits où une digue se trouve coupée pour l'écoulement d'un ruisseau ou d'une riviere, s'il y a nécessité d'y faire un pont, on le construit de maniere que chacune de ses arches puisse recevoir des doubles portes, que l'eau douce & la mer ouvrent & ferment alternativement, comme le montrent les figures 3 & 4, qui ne renferment rien dont la 5ᵉ ne fasse sentir l'objet.

576. Tous les moyens que l'on employe pour retenir & lâcher les eaux à volonté faisant partie des écluses en général, je crois ne point m'écarter de mon sujet en rapportant ici une porte en façon de barriere, ingénieusement imaginée pour faire gonfler les eaux d'une petite riviere, sans en interrompre entierement le cours, afin de la rendre navigable ou de la contraindre d'arroser un terrein aride. Pour bien entendre la méchanique de cette barriere, il faut considérer la fig. 8, où l'on verra qu'il s'agit d'abord d'un chassis KHQR, dont le montant SK doit être regardé comme le poteau tourillon d'une porte d'écluse, ayant de même un pivot & un collier que l'on n'a point marqué dans le dessein, de crainte de confondre les objets. A l'autre poteau QR, qu'on suppose appuyé contre le bajoyer opposé, est suspendue une barriere IVXY, qui se loge dans les feuillures pratiquées au même chassis. Pour la maintenir fermée malgré le courant de l'eau qui tend à l'ouvrir, & que l'on suppose venir de l'autre côté, voici la disposition qu'on a donné aux serrures qui en composent la clef.

577. Au montant SK est attaché solidement un taquet Z, traversé par un boulon placé en G, qui sert d'essieu à une barre de fer LF percée en cet endroit, formant à son extrémité F une patte pour retenir la barriere, tandis qu'à l'autre on y a attaché un manche de bois CD, de maniere que toute la longueur CF compose un levier dont le centre de mouvement est en G; ainsi en appuyant sur l'extrêmité C pour le faire descendre, la patte F monte & se sépare de la barriere, qui n'étant plus retenue, le courant qui la pousse l'ouvriroit si elle n'avoit pas d'autre appui. Comme il convenoit pour plus de solidité qu'elle fut encore soutenue à l'endroit T de sa base & au milieu E de sa hauteur, on a suspendu au bras GF du levier précédent une tringle de fer HK, dont le sommet joue librement autour d'une goupille. Cette

tringle eſt liée de même en O & en K à deux autres pieces OE, KT, qui ont auſſi leur centre de mouvemenr aux points A & I, enſorte que la premiere LF ne peut être muë à l'aide du manche CD, que les précédentes ne ſe meuvent auſſi, étant toutes trois liées enſemble ; mais avant que d'aller plus loin, on remarquera que la patte E de la ſeconde OE, couvre d'environ un pouce le montant VI de la barriere, & que l'autre T de la troiſieme KT s'applique de même ſur l'entretoiſe IY.

Pl. LX, Fig. 6, 7 & 8.

Il eſt aiſé de voir qu'en appuyant ſur le manche CD, le point H monte, par conſéquent la tringle HK, ce qui ne peut arriver ſans qu'elle ne faſſe deſcendre les pattes E & T, leſquelles abandonnant la barriere, comme fait auſſi celle d'en haut F, le courant l'ouvre en la chaſſant de côté, juſqu'à ce qu'elle ſe ſoit rangée contre les bajoyers oppoſés, dans la ſituation où les fig. 6 & 7 la repréſentent. On prendra garde en paſſant qu'auſſitôt que l'écluſier abandonne le manche CD, le poids des ferrures qui compoſent la clef, remet les pattes dans la ſituation où on les voit, avec cette différence qu'elles ne ſoutiennent plus rien.

578. Pour faciliter le mouvement du chaſſis, on ſuppoſe que l'on a ménagé dans l'épaiſſeur d'un des bajoyers, une eſpece de tranchée ROQS (fig. 7) d'environ un pied de profondeur au-deſſous du rez-de-chauſſée ; qu'au fond l'on a enraciné le noyau d'un cabeſtan (art. 424.) dont la baſe de la chape a un rebord dentelé en forme de pignon marqué G, qui s'engraine avec les coches d'une cramailliere de bois BM, accrochée d'une part au chaſſis, & qui repoſe de l'autre ſur un rouleau horiſontal poſé au fond de la tranchée, tandis qu'un autre rouleau vertical, que l'on voit vis-à-vis de N, l'empêche de s'écarter du pignon, ce qui eſt aiſé à imaginer.

Deſcription du cabeſtan à cramailliere ſervant à ouvrir & fermer la même barriere.

Quand on veut ouvrir l'écluſe pour laiſſer paſſer un bateau, on tourne le cabeſtan dont le pignon fait marcher la cramailliere, par conſéquent le chaſſis, qui ne trouve point d'autre réſiſtance de la part du courant que celle que lui oppoſe l'entretoiſe d'en bas & le montant battant. Pour la barriere, elle n'en éprouve preſque point, parce qu'elle chemine toujours de côté dans le fil de l'eau qui l'approche naturellement de ſon chaſſis ; ainſi le tout chemine ſans effort juſqu'au moment où le chaſſis vient s'appliquer contre le bajoyer ; alors l'écluſier appuye ſur le manche de la clef pour lever la patte d'en haut & baiſſer celle d'en bas, afin que la barriere entre dans ſes feuillures, & lorſqu'elle s'y trouve bien logée, il lâche la clef qui la maintient comme auparavant.

Ce cabestan peut être employé utilement comme à Oftende & à Bouzingue, pour manœuvrer les venteaux d'une éclufe.

579. Il est visible que pour fermer l'écluse, il ne faut que tourner le cabestan d'un sens contraire au précédent, alors la cramailliere pousse la barriere en avant, à quoi elle est aidée par le courant même, qui suffit seul pour la conduire dans sa feuillure, dès qu'elle lui a donné assez de prise. Je ne dis rien du rapport qui regne entre le vuide & le plein de cette barriere, qui doit se régler sur le plus ou moins d'eau qu'on veut retenir. J'ajouterai en finissant cet article, que c'est par un cabestan & une cramailliere disposés comme on le voit ici, que l'on ouvre & ferme les venteaux des écluses d'Oftende & de Bouzingue, dont j'ai promis aux articles 426 & 520 de faire mention.

Defcription d'une éclufe fermée par une vanne à bafcule, telle qu'il s'en voit fur les petits canaux dans les Pays-Bas.

PLANC. LVIII. Fig. 7.

580. Il nous reste à expliquer la 7ᵉ fig. de la planche LVIII, qui représente le profil d'une maniere de vanne à bascule, que l'on voit en plusieurs endroits des Pays-Bas sur les petits canaux, Cette vanne s'éleve en appuyant sur l'extrêmité A de la bascule AB, à laquelle elle est suspendue par l'aiguille D qui se meut librement dans une fente E, au-dessus de laquelle est un lien ou boulon F servant à la retenir. Lorsqu'elle est entierement sortie de l'eau, ceux qui la soutiennent marchent en avant vers le bajoyer qui leur répond, afin d'y appliquer la vanne qu'ils laissent descendre & reposer sur le fond du canal. Il paroît assez inutile de dire que le pivot CD de la bascule tourne sur une crapaudine G, & qu'il est embrassé sur le revers de l'endroit H par une susbande de fer dont on aura une idée en considérant la fig. 4 de la planc. XXXI. Au surplus la piece IH est solidement liée avec la femelle KL, qui fait partie d'un chassis servant de base pour assurer la solidité de la machine par laquelle je finis ce premier volume ; le second sera plus intéressant encore, par la variété des différentes sortes de travaux qu'on y enseigne.

Fin du premier Volume de la seconde partie.

ARCHITECTURE HYDRAULIQUE II PARTIE.

Développement de plusieurs petites Écluses.

Batardeaux de Maçonnerie comprenant des Eaux des Fossés d'une place de Guerre, pour diriger les

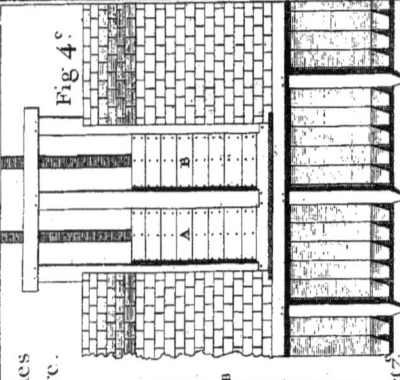

Fig 4.^e

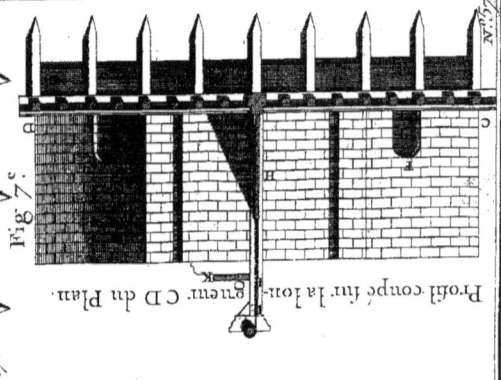

Fig 7.^e

Profil coupé sur la longueur. CD du Plan.

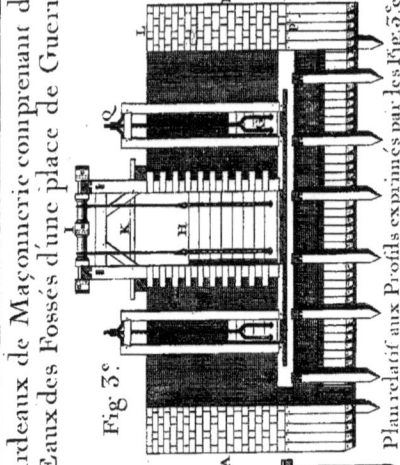

Fig 3.^e

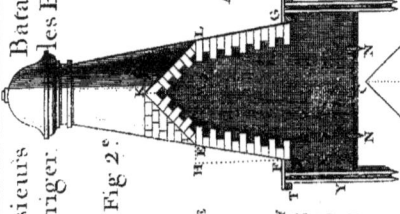

Plan relatif aux Profils exprimés par les Fig. 5.e et 9.^e

Fig 8.^e

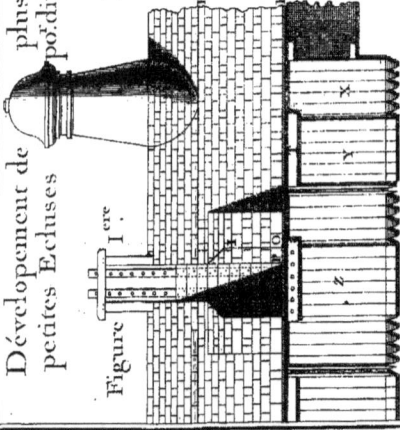

Figure 1.ere

Fig 2.^e

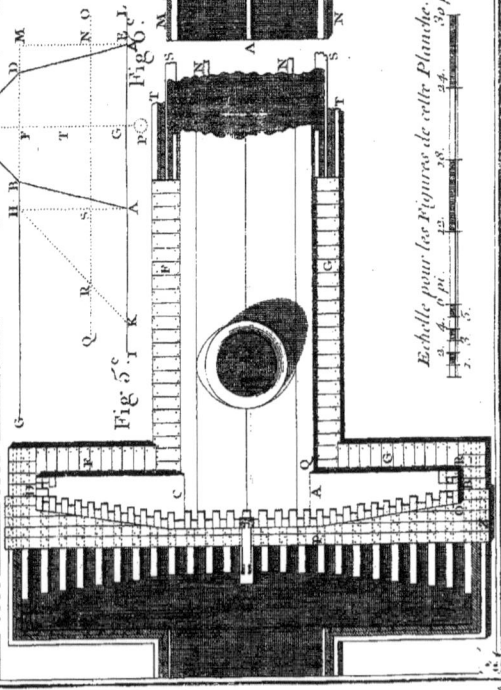

Fig 5.^e

Fig 6.^e

Echelle pour les Figures de cette Planche.

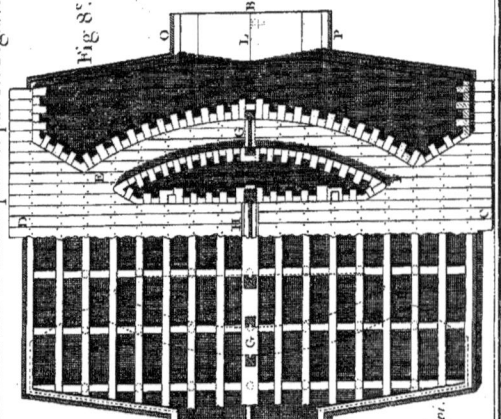

Élévation d'une Écluse pratiquée dans un Batardeau.

Figure 1.re

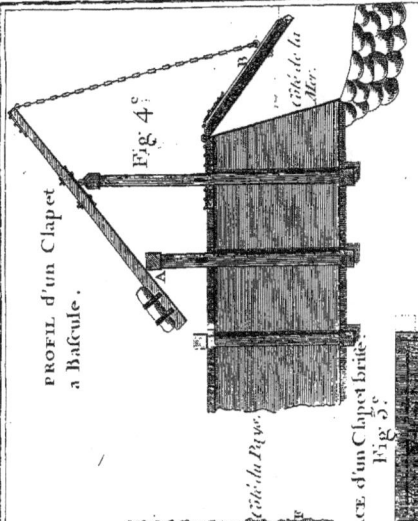

Fig. 2.e

PROFIL d'un Clapet à Bascule.

Fig. 4.e

Côté de la Mer.

Côté la Digue.

FACE d'un Clapet Brisé.
Fig. 3.e

PETIT Clapet.

Fig. 6.e

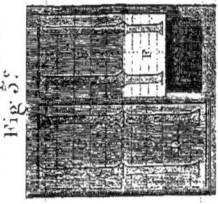

Échelle des Desseins de la petite Écluse cy dessous.

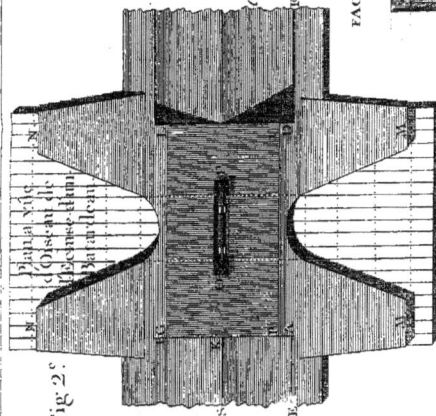

Profil d'une petite Écluse pratiquée dans un Batardeau.

Fig. 5.e

Écluse à Aqueduc pratiquée dans un Batardeau.

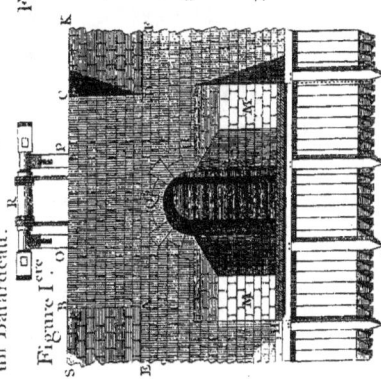

DESSEIN d'une Écluse à Bascule lorsqu'elle est fermée.

Fig. 7.e

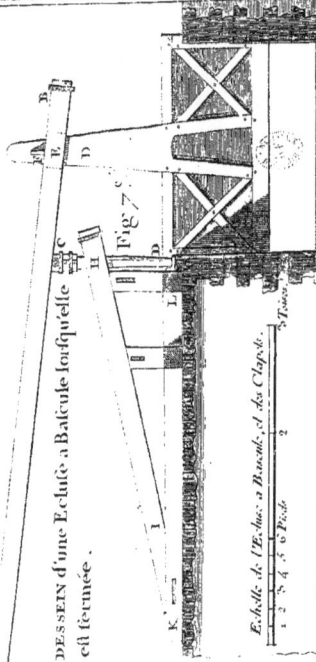

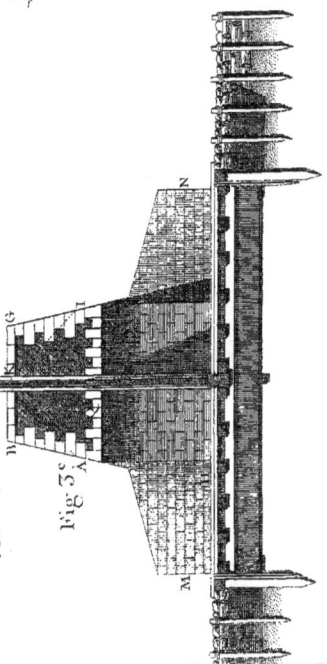

Échelle de l'Écluse à Bascule, et ses Clapets.

ARCHITECTURE HYDRAULIQUE II PARTIE.

PLAN Profil et Elevation d'une Ecluse a Porte tournante pratiquée a
travers d'un Batardeau de maçonnerie.

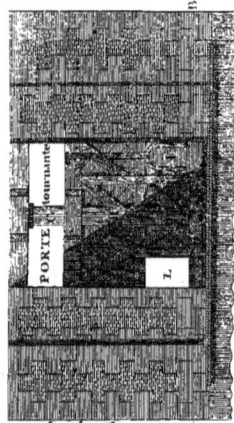

PROFIL sur la largeur du Passage E F.

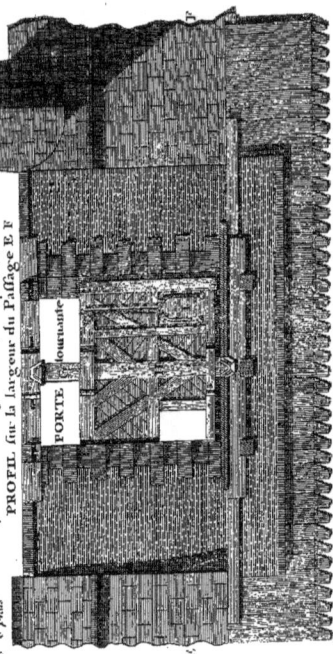

PROFIL coupé sur la longueur du Passage C D.

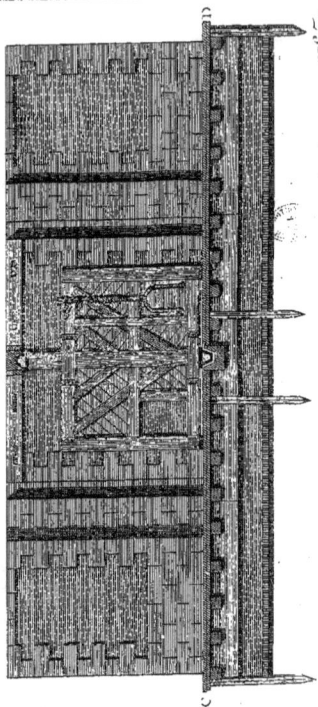

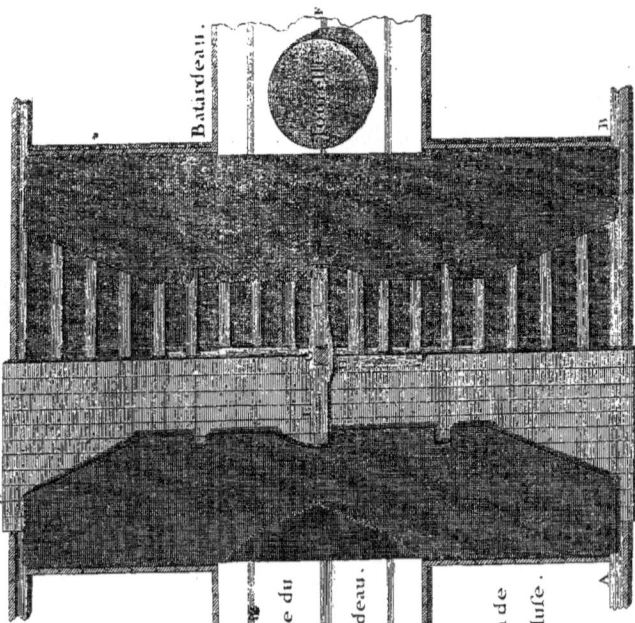

Echelle de 4 toises pour toutes les Figures.

PORTE tournante

Elevation de
l'Ecluse prise
sur la ligne AB.

PORTE tournante

L

Batardeau.

Cape du

Batardeau.

Plan de
l'Ecluse.

N.° 59.

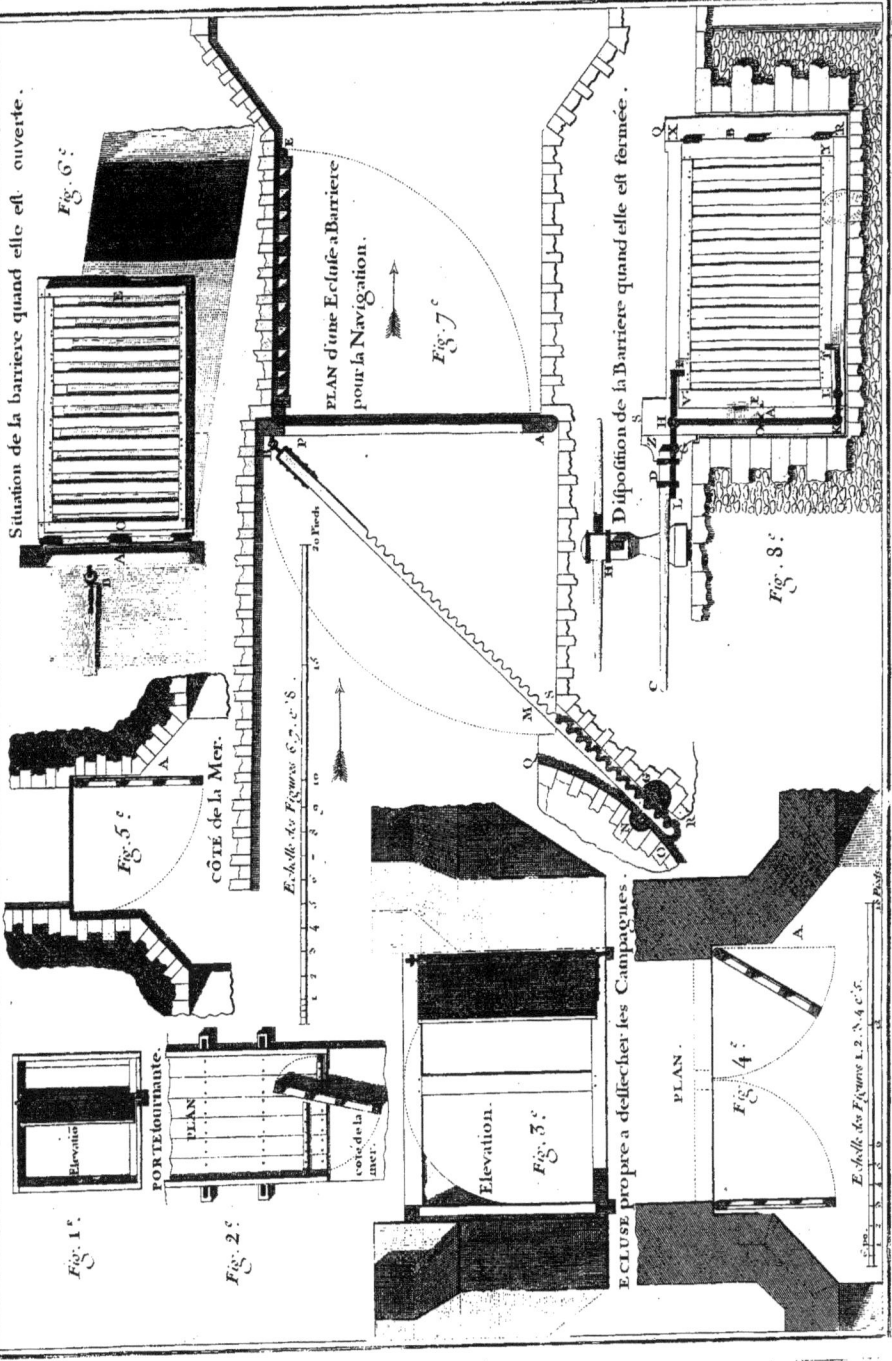

ARCHITECTURE HYDRAULIQUE II PARTIE.

Situation de la barriere quand elle est ouverte.

Fig. 6.e

Fig. 5.e

CÔTÉ de la Mer.

PLAN d'une Ecluse à Barriere
pour la Navigation.

Fig. 7.e

Disposition de la Barriere quand elle est fermée.

Fig. 8.e

Echelle des Figures 6.7.e 8.e

20 Toises

Elevation.

PORTE tournante.

PLAN.

côté de la
mer.

Fig. 1.e

Fig. 2.e

ECLUSE propre a dessecher les Campagnes.

Elevation.

Fig. 3.e

PLAN.

Fig. 4.e

Echelle des Figures 1.2.3.4 e 5.e

N.º 612.

TABLE DES MATIERES

Contenues dans le premier Volume.

LIVRE PREMIER,

Où l'on donne les connoissances préliminaires pour l'établissement des travaux qui se font dans l'eau.

CHAPITRE PREMIER,

Tome I.   a

CHAPITRE II.

Comprenant une description de la ville de Dunkerque, dans l'état où elle étoit avant sa démolition, avec un examen de la défense dont elle étoit alors capable.

CHAPITRE III.

De l'usage des écluses en général, avec l'explication de leurs principales parties.

CHAPITRE IV.

Où l'on détermine les proportions des éclufes d'une maniere générale.

CHAPITRE V.

Comprenant des recherches fur la perfection des éclufes.

SECTION PREMIERE.

De la réfiftance des bajoyers contre la pouffée de l'eau qu'ils ont à foutenir.

SECTION

SECTION II.

De la pouſſée de l'eau contre les portes buſquées des Ecluſes.

SECTION III.

Examen de la réſiſtance des bois qui entrent dans la compoſition des vannes ou portes buſquées, droites ou courbes.

II. Partie. Tome I. b

CHAPITRE VI.

Des machines pour enfoncer les pilots, d'autres pour les arracher. De la maniere de conftruire les bâtardeaux, fuivie de maximes fur la conftruction des éclufes.

SECTION PREMIERE.
Des machines propres à enfoncer des pilots.

SECTION II.
De la conftruction des batardeaux fervant à faciliter l'exécution des ouvrages Hydrauliques.

b ij

SECTION III.

Comprenant quelques maximes préliminaires sur la construction des éclufes.

CHAPITRE VII.

De la maniere de fonder les éclufes fur un mauvais terrein.

LE terrein fur lequel fe fondent les éclufes peut être réduit à deux efpeces; favoir, le bon & le mauvais fond. Page 134

SECTION PREMIERE.

De la maniere d'établir la charpente propre à la fondation & au radier des éclufes fituées fur un fable mouvant.

SECTION II.

Description de la fondation de la grande écluse qui étoit anciennement
au baſſin de Dunkerque.

SECTION III.

Où l'on décrit les écluses de moyenne grandeur, pour diriger les eaux
à l'avantage d'un port de mer.

CHAPITRE VIII.

Comprenant les détails qui appartiennent à la construction des radiers de charpente.

SECTION PREMIERE.

De la maniere de bien employer les palplanches dans la construction des écluses.

SECTION II.

De la construction des grillages pour les radiers.

ij.

SECTION III.

Des ferrures appartenant aux radiers des éclufes.

CHAPITRE

CHAPITRE IX.

De la maniere d'établir des éclufes fur un bon fond, & de conftruire les radiers de pierre de taille.

CHAPITRE X.

De la conftruction des faux radiers.

II. Partie. Tome I. c

CHAPITRE XI.

De la construction des bajoyers de maçonnerie.

CHAPITRE XII.

De la conftruction des quais de maçonnerie & de charpente fervant d'aîles aux éclufes & de revêtemens aux baffins.

TABLE

CHAPITRE XIII.

De la conftruction des portes pour les éclufes de toutes fortes de grandeurs.

SECTION PREMIERE.

De la conftruction des portes bufquées fimples.

SECTION II.

Des ferrures appliquées aux portes des écluſes.

SECTION III.

Des pivots, des crapaudines, & des colliers des portes.

SECTION IV.

Où l'on décrit les cabeftans anciens & modernes, à l'ufage de la manœuvre des éclufes.

CHAPITRE XIV.

Comprenant un modele de devis pour la conftruction des éclufes propres à la marine. 273

CHAPITRE XV.

De la maniere de dreffer les états de toifé des ouvrages appartenant aux éclufes, fuivie d'une regle pour la mefure des bois ronds, avec une table qui difpenfe d'en faire le calcul.

LIVRE SECOND.

Comprenant la defcription des éclufes à plufieurs voies, pour l'ufage de la marine & des places de guerre.

CHAPITRE PREMIER.

Où l'on détaille l'ancienne éclufe de Gravelines, conftruite en 1699, & tout ce qui appartient aux portes tournantes.

d₄

SECTION II.

De la conftruction des portes tournantes fimples.

SECTION III.

Comprenant des recherches fur la perfection des portes tournantes.

CHAPITRE II.

Comprenant la deſcription du nouveau canal de Gravelines, & de ſon écluſe.

CHAPITRE III.

omprenant la description du canal de Mardick & de son écluse, suivie d'un projet pour bonifier le port de Calais.

d ij

CHAPITRE IV.

Où l'on décrit l'éclufe de Muyden, une des plus belles de la Hollande.

CHAPITRE V.

Sur les propriétés des éclufes qui font aux ports de Cherbourg & du Havre de Grace, avec quelques remarques fur leurs rades.

CHAPITRE VI.

Des éclufes fermées par des vannes.

CHAPITRE VII.

Des petites éclufes pratiquées au travers des batardeaux de maçonnerie qui fe font dans les foffés des places de guerre.

Fin de la Table.

APPROBATION DU CENSEUR ROYAL.

J'AI lu par ordre de Monseigneur le Chancelier, la seconde Partie de *l'Architecture Hydraulique*. Un Ouvrage bien fait sur cette matiere, est tout-à-fait important pour la conduite des travaux qu'on a souvent besoin d'entreprendre dans les ports de mer; il est également nécessaire pour la direction des eaux, pour arrêter les inondations, comme pour les causer dans les sieges. M. BELIDOR a travaillé long-tems sur l'Architecture Hydraulique; la quantité de beaux morceaux qu'il a rassemblés, fait connoître qu'il n'a rien négligé pour mener cet ouvrage à sa perfection; il nous a paru que l'impression en seroit infiniment utile à tous les Ingénieurs & aux Architectes, qui par leur état peuvent être chargés de conduire des ouvrages aquatiques. FAIT à Paris ce 22 Octobre 1750. MONTCARVILLE

Lecteur & Professeur du Roi en Mathématique.

PRIVILEGE DU ROI.

LOUIS, par la grace de Dieu, Roi de France & de Navarre : A nos amés & féaux Conseillers, les Gens tenant nos Cours de Parlement, Maîtres des Requêtes ordinaires de notre Hôtel, Grand-Conseil, Prevôt de Paris, Baillifs, Sénéchaux, leurs Lieutenans Civils, & autres nos Justiciers qu'il appartiendra, SALUT. Notre amé CHARLES-ANTOINE JOMBERT, notre Libraire à Paris, Nous a fait exposer qu'il desireroit faire imprimer & réimprimer des Ouvrages qui ont pour titre, ARCHITECTURE HYDRAULIQUE, par M. *Belidor; Bibliotheque portative d'Architecture élémentaire; Cours d'Architecture de Vignole,* par d'Aviler, avec un Dictionnaire des termes d'Architecture par le même; *Méthode pour apprendre le Dessein,* avec des Figures & des Académies; *Anatomie à l'usage des Peintres,* par Tortebat; *Géométrie de Le Clerc; Traité de Stéréotomie,* par M. Frezier; *Architecture Moderne; De la décoration des Edifices,* par M. Blondel; *la Théorie & la Pratique du Jardinage,* par Alexandre Le Blond; *Œuvres de M. Ozanam; Œuvres de M. Belidor; savoir, le Cours de Mathématique, la Science des Ingénieurs, le Bombardier François; Cours de Science militaire,* par M. Le Blond, contenant l'*Arithmétique & la Géométrie de l'Officier, La Fortification, l'Artillerie, l'Attaque & la Défense des Places, la Castramétation, la Tactique,* &c. *Recueil des Pierres du Cabinet du Roi,* s'il nous plaisoit de lui accorder nos Lettres de privilege pour ce nécessaires. A CES CAUSES, voulant favorablement traiter l'Exposant, nous lui avons permis & permettons par ces Présentes, de faire imprimer lesdits Ouvrages autant de fois que bon lui semblera, & de les vendre, faire vendre & débiter par tout notre Royaume, pendant le tems de dix années consécutives, à compter du jour de la date des Présentes : Faisons défenses à tous Imprimeurs, Libraires & autres personnes, de quelque qualité & condition qu'elles soient, d'en introduire d'impression étrangere dans aucun lieu de notre obéissance : comme aussi d'imprimer ou faire imprimer , vendre , faire vendre , débiter ni contrefaire lesdits **Ouvrages** , ni d'en faire aucun extrait , sous quelque prétexte que ce soit , d'augmentation , correction , changemens ou autres , sans la permission expresse & par écrit dudit Exposant , ou de ceux qui auront droit de lui , à peine de confiscation des exemplaires contrefaits , & de trois mille livres d'amende contre chacun des contrevenans , dont un tiers à Nous , un tiers à l'Hôtel-Dieu de Paris , & l'autre tiers audit Exposant , ou à celui qui aura droit de lui , & de tous dépens , dommages & intérêts : à la charge que cesdites Présentes seront enregistrées tout au long sur le registre de la Communauté des Libraires & Imprimeurs de Paris , dans trois mois de la date d'icelles ; que l'impression desdits Ouvrages sera faite dans notre Royaume , & non ailleurs , en bon papier & beaux caractères , conformément à la feuille imprimée , attachée pour modèle sous le contre-scel desdites Présentes ; que l'Impétrant se conformera en tout aux Réglemens de la Librairie , & notamment à celui du 10 Avril 1725 ; & qu'avant de les exposer en vente , les manuscrits qui auront servi de copie à l'impression desdits Ouvrages , seront remis dans le même état où l'Approbation y aura été donnée , ès mains de notre très-cher & féal Chevalier , Chancelier de France , le sieur DE LAMOIGNON , & qu'il en sera ensuite remis deux exemplaires de chacun dans notre Bibliothèque publique , un dans celle de notre Château du Louvre , un dans celle dudit sieur DE LAMOIGNON , & un dans celle de notre très-cher & féal Chevalier Vice-Chancelier & Garde des Sceaux de France , le Sieur DE MAUPEOU le tout à peine de nullité des Présentes , du contenu desquelles vous mandons & enjoignons de faire jouir ledit Exposant ou ses ayans cause pleinement & paisiblement , sans souffrir qu'il leur soit fait aucun trouble ou empêchement. Voulons que la copie desdites présentes , qui sera imprimée tout au long , au commencement ou à la fin desdits Ouvrages , soit tenue pour duement signifiée ; & qu'aux copies collationnées par l'un de nos amés & féaux Conseillers & Secretaires , foi soit ajoutée comme à l'original. Commandons au premier notre Huissier ou Sergent sur ce requis , de faire pour l'exécution d'icelles tous actes requis & nécessaires , sans demander autres permissions , & nonobstant clameur de haro , Charte normande , & Lettres à ce contraires ; CAR tel est notre plaisir. DONNÉ à Paris le premier jour du mois de Février , l'an de grace mil sept cent soixante-quatre , & de notre regne le quarante-neuvieme. Par le Roi en son Conseil. LE BEGUE.

Regiftré fur le Regiftre XVI. de la Chambre Royale & Syndicale des Libraires & Imprimeurs de Paris , No. 115 , fol. 61 , conformément aux Réglemens de 1723. A Paris le 6 Février 1764. LE BRETON , *Syndic.*

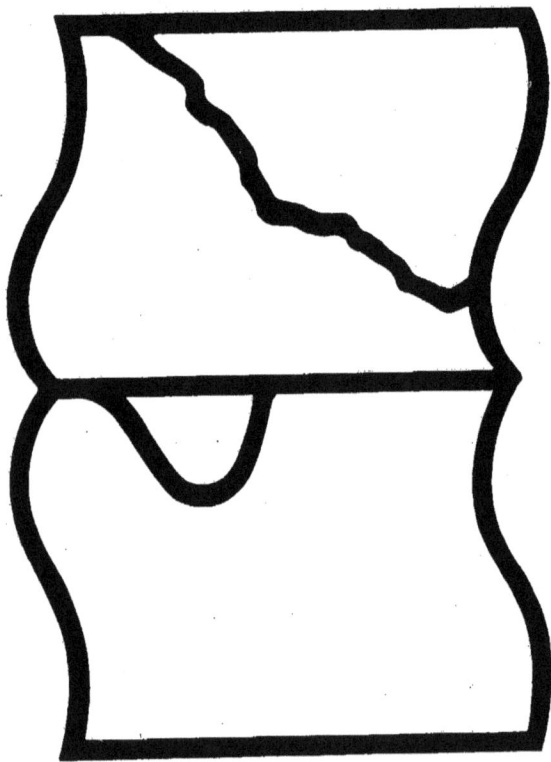

Texte détérioré — reliure défectueuse

NF Z 43-120-11

Contraste insuffisant

NF Z 43-120-14

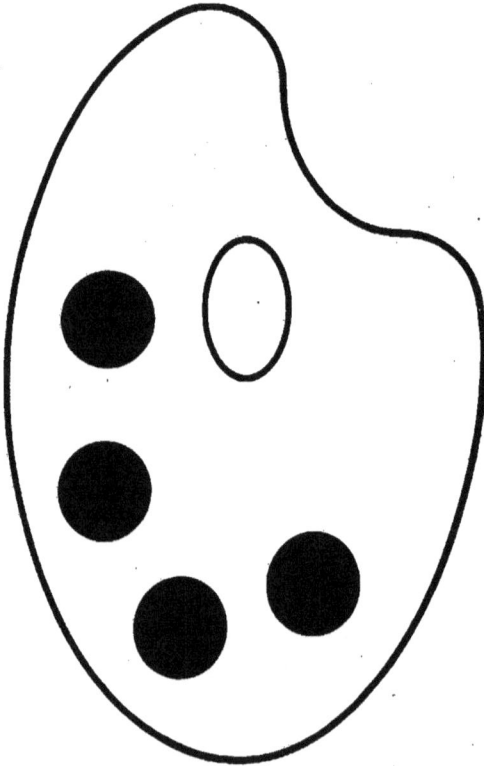

www.ingramcontent.com/pod-product-compliance
Lightning Source LLC
Chambersburg PA
CBHW072056080426
42733CB00010B/2138